日本労働社会学会年報

2017

第28号

人口減少下の労働問題

日本労働社会学会

The Japanese Association of Labor Sociology

2017 —— # 目　次 —— 日本労働社会学会年報 28

ANNUAL REVIEW OF LABOR SOCIOLOGY

2017, No.28

Contents

The Japanese Association of Labor Sociology

特集　人口減少下の労働問題

日本労働社会学会年報第28号〔2017年〕

特集企画の趣旨

――「特集　人口減少下の労働問題」――

今井　順
（北海道大学）

少子高齢化し人口が減っていく中、日本社会はどのように労働社会を再編していく必要があるのだろうか。2016年10月に法政大学で行われた第28回学会大会では、こうした問題意識に導かれて『人口減少下の労働社会』と題したシンポジウムを行った。当学会研究活動委員会では、2016年2月26日に総務省が公表した2015年国勢調査の速報値において日本の人口が1920年の調査開始以来初めて減少したこと、また同年5月23日に厚生労働省が公表した『人口動態統計』で、2015年の出生数から死亡数を引いた自然減数が28万4,772人と、前年と比べた減少幅が過去最大になったという報告がなされたことをふまえ、この問題について学会で議論するよい機会が生まれたと考えた。日本社会を表す言葉として「少子高齢化社会」が言われて久しいが、ついに人口減少が現実のものとなり、この問題が社会に与える影響は今後ますます大きくなる。その対応も待ったなしの状況と言えるのではないか。

特に労働社会においては、労働力の減少や高齢化が進むことによって、これまでの働き方・働かせ方は変容を迫られることになる。もともと、「企業社会」時代における男性労働者を中心とした働き方・働かせ方が、少子高齢化を発生させてきた主な原因の1つであったし、そうした働き方・働かせ方はこれまでも見直しを求められてきたのだが、見直しの現状は必ずしも芳しくない。今後は少子高齢化に対応して、女性や高齢者の労働者も働き続けられるような環境整備を今以上に求められることになろうし、外国人労働者の本格的な受け入れについても大きな争点になってくる。今回のシンポジウムではこうした状況を踏まえ、①日本企業の変容、②女性労働、③高齢労働者、④外国人労働の4つの論点を設定した。

まず、「企業社会」時代の働き方・働かせ方は人口問題とどのようにかかわり、現在どのように変容しているのか、少子高齢化の問題に対応した労働環境・雇用条件の整備があまり進んでいない原因は何か、進めるために必要なことは何かといった問題を確認した上で、女性、高齢者、外国人といったカテゴリーの人々についての雇用の現状、働き続けるにあたっての問題点、改善策とその実行可能性について検討した。以下、当日の報告を中心に、議論を簡単に振り返っておこう。

第1報告者として登壇した木下武男氏の主張は明確である。「人口減少問題と企業社会」と題した報告の焦点の一つは、現在の人口減少問題がそもそも1970年代の「企業社会」形成にその起源を持っているという主張である。氏は、長期にわたる人口構成の変化を概観し、これまで人口は増えてきてはいたものの、出生率が低下し始めたのが1975年頃であることに着目する。現在の危機がこの時すでに生まれていたが、人口が減少し始める今日まで、問題の根源そのものは隠されてきたと指摘する。1970年代は日本において「企業社会」が作られた時期だが、それは男性を企業に「緊縛」する日本型正社員と、それゆえ生じる男性の不在と強い性別役割分業が刻印された日本型家族によって特徴づけられている。男性が企業にとらわれ女性が家庭に閉じ込められる中で、子育ては家庭で母親だけが担うものとなり、妻たちの孤独感・負担感を生んだ。その後女性たちの経済的自立は進んでいくが、それは主婦回避という事態を伴った。結婚は女性にとってオプションとなり、リスクとなり、現在に至っている。1998年以降、日本の労働社会は、成果主義・常時リストラ・非正社員の増加により変化し、家族形成不能社会を作ってしまっている。氏は、政府が2014年に示した「50年後にも1億人の人口を維持する」という政策方針を、楽観的過ぎると指摘する。日本型正社員と日本型家族を批判的に直視し、ジョブ型思考とジェンダー視点に基づくオルタナティブを模索することなしに、人口減少を克服する未来を考えるのは難しいと結んでいる。

第2報告者の清山玲氏は、「女性の就業継続――その現実と課題――」と題し、ワーク・ライフ・バランス／男女共同参画社会を達成しなければ、もう日本は立ち往かないと主張している。現在の日本では、①雇用ポートフォリオ戦略が性別雇用身分格差を拡大していること、②弱い労働時間規制と残業あたりまえの職場慣行、③転勤・単身赴任などにより生活へのしわ寄せ、④職場の人手不足を互いにカバーする文化の不在、⑤女性の就業継続意識の弱さにより、女性の就業継続は難しくなっている。女性が働き、収入を得、担税力を上げることができる職場環境と社会インフラを整備し、仕事も子育ても介護も、あたりまえに行える社会、そういう文化を作ることが必要だと言う。日本再興戦略に示された理路は決して悪いものではなく、しっかり現実としていくこと重要だと主張している。今回寄せられた論考では、今後の展開が期待できる業界・職場のあらたな取り組みについて追加的な議論を行っている。

第3報告者の高木朋代氏は、「人口減少下における高年齢従業員の雇用と就業」と題し、数次にわたる高齢者雇用安定法の改正等によって定年延長など高齢者雇用への圧力が高まる中、企業の人事管理の視点から高齢者雇用拡大への諸問題を議論している。現在65歳までの継続雇用が目指されているが、「福祉的雇用」「年金との接続」といった観点からの雇用では企業にとって負担となりかねない。企業が、「貢献し活躍できる人材だから」という観点から行う継続雇用が望ましい。そのためには、企業の側には長期的な視点に立った人材育成計画が必要だし、キャリアセミナーやカウンセリングを通した、労働者のトラッキングも必要とされた。そこで氏が強調され、フロアからも関心を持って受け止められたのが「すりかえ合意」という概念であった。基本的には、「働き続けたい」という自分の真意をすり替えて引退・転職といった二次選択を受け入れる過程を表す言葉であるが、氏はこれを否定的には捉えず、むしろ労働者の意思の尊重があり、また彼らが美学すら示し得る労働市場退出・転職過程であると指摘した。イギリスでの現地調査から得られた知見もあわせ、このメカニズムの普遍性を主張しており、高齢者の適所配置メカニズムとして評価するという趣旨であった。

第4報告者の丹野清人氏は、「法的制度と社会のはざまでもがく外国人労働者」と題し、日本の出入国管理政策と外国人労働者の受入れ状況のかかわりについて、本音と建前の乖離が問題を生み出すとの視点から報告を行った。戦後の出入国管理政策は、しばらくその対象が旧植民地出身者とインドシナ難民であったが、その後の状況の変化の中で90年入管法改正があり、日系人と研修生を事実上労働者として受け入れてきた。2016年、日本で働く外国人労働者は100万人を超えたが、技能実習生・留学生によるアルバイト・日系人で8割を占めており、専門的・技術的分野の在留資格を持つ者は2割に満たない。そして、この割合は10年前既に見られたものであり、現状は研修生を技能実習生と変更した上で受け入れの中心としているにすぎない。報告では特にこの10年で大きな変化があり、なおかつ本音と建前の乖離に翻弄された人々として日系人が扱われている。2008年末に32万人近くいた日系ブラジル人は2015年に17万人と半減したが、ブラジル人労働者の数自体はそれほど変わっていない。要するに、労働力にならない家族が帰国しているのである。生産の定常的部分では技能実習生を用いるパターンが定着するようになっている一方で、地域移動を伴う極めて短い期間の請負業務で日系人が使われることが増え、家族を出身国へ帰す動きが顕在化した結果である。氏は、この間労働市場では研修生の地位の上昇と日系人の下降があり、今や日系人たちは労働市場の最下層に置かれているという。労働力は欲しいが、労働力にならない外国人はいらない。今回収められている論考では、こうした本音を実現するメカニズムが外国人労働者を仲介するエージェントの働きによって実現されており、それゆえ外国人労働者が労働市場の周辺に位置づけられ続けていると指摘する。

コメンテーターとして登壇した宮本みち子氏は、まず欧米では雇用による社会的包摂能力があるうちに女性の社会進出が進んだが、日本では雇用の能力が低下する中で女性の進出が進むという皮肉があり、女性の周辺化と排除が顕在化する中で、家族の多様化と性別役割分業の流動化が進んでいるという基本認識を示した。その上で、木下氏に対しては、現在の少子化対策の前提同様、典型的家族を重視しすぎており、家族の多様化を視野に入れるべきではないかと指摘した。また清山氏に対しては、高学歴女性が転職のたびに下降移動している現実を指摘した上で、彼女たちにセカンドチャンスを作るにはどうしたらよいのか、また婚姻率の低下によって家族という場を持てない女性が増えていることについて意見を求めた。日本型企業生活の最終局面に関わる報告をした高木氏に対しては、報告された実情は大企業セクターに特有のものなのではないか、全体の中でどのように位置づけられるメカニズムなのか確認した。丹野報告に対しては、労働力不足を外国人で埋めるべきなのか、端的にその是非をあらためて問うた。

最後、それほど長い時間はとれなかったものの、フロアからも活発な質疑が行われた。そもそも移民政策、家族政策、ワーク・ライフ・バランス施策などを人口政策として行うべきではない（人口問題がなくてもやるべき）といった、今回の企画に内在した問題構制への批判的意見や、高木報告の「すりかえ合意」について、いわゆる「追い出し部屋」で行われるコミュニケーションとの違いについての疑問、移民が労働力不足の解決策になるのかといった論点があらためて提示された。設定された課題が大きく、すべての論点について議論を尽くせなかった感はあるものの、労働力不足を議論の起点とした上で、今後の環境整備のための論点をあらためて明らかにすることができたという意味で、有意義なシンポジウムだったのではないだろうか。

今回年報に寄せられた特集論文は、こうした議論を経て整理されたものである。論考の中には、あらためて議論・論点を整理・精緻化したり、適切な例を加えるなど、様々な形で筆が入れられている。シンポジウムの場におられなかった読者諸氏にも、読み応えのある論考が集まっているのではないだろうか。「人口減少」を切り口とし、労働市場諸領域に存在する様々な問題を把握できるはずである。

日本労働社会学会年報第28号〔2017年〕

人口減少問題と企業社会

木下　武男

はじめに

人口減少があたかも自然現象でもあるかのように受けとめられているようだ。地方の都市や自治体は人口減少にどのように適応すべきか、そのような議論がさかんだ。そのきっかけになったのが「日本創生会議」の将来予測、通称「増田レポート」である。2040年までに全国の自治体のほぼ半数は消滅する可能性があるとし、「消滅都市」のリストも掲げた。「増田レポート」を掲載した『中央公論』2013年12月号の特集名は「壊死する地方都市」で、「すべての町は救えない」の見出しもつけられている。過疎自治体の「撤退論」や「あきらめムード」も出てきている。そこには人口減少の原因を探る視点はみられない。

一方、2016年に閣議決定された「ニッポン一億総活躍プラン」では、「国際的には『人口が減少する日本に未来はないのではないか』との重要な指摘がある」とし、「日本が、少子高齢化に死にもの狂いで取り組んでいかない限り、日本への持続的な投資は期待できない」と述べている。

遅ればせながらも日本の深刻な社会問題に気づいたようだ。すでに2000年代半ばにはメディアは人口減少問題を取り上げていたし、社会保障・人口問題研究所はつねに推計値を出していた。そもそも人口減少の原因である出生率は、1970年代半ばから一貫して低下していたのであり、歴代の政府はこの問題を軽視し続けてきた。

「活躍プラン」は「投資が期待できない」から少子高齢化や人口減少問題に取り組むと、転倒した発想ではあるが、「少子高齢化」を取り組むとしたことじしんは評価されなければならない。しかし「活躍プラン」も、また従来からの政府の少子化対策も、何故、どのようにして人口減少が生じているのかについて根本的な検討を加えていない。本稿の課題はその根本的な原因についての一つの問題提起をおこなうことにある。

このような大きなテーマをあつかうので、あらかじめ全体の流れを簡単に述べておこう。まず、人口が減少しだした現在を分析しても人口減少の原因を探ることはできない。戦後日本の人口は膨張と反転、急減というドラスティックな変動を示している。その動態の過程を検討することによって、人口減少の深刻さをつかむことができ、またそこから人口減少を推し進める原因を取りだすことができる。

つぎは、人口減少の原因は出生率の低下であるが、その低下を引き起こしているのは何だろうか。それはこれまでの日本社会そのものである。日本の働き方と家族のあり方をつくり出している企業本位の市民社会、つまり企業社会に奥底の原因がある。その企業社会状況のなかにいる女性は結婚をしない、ないしは先送りにするという選択をおこなう。これが出生率の低下につながっていることを明らかにする。

人口減少は1970年代半ばからの出生率の低下によってもたらされているが、それと重なる形で、1990年代と2000年代からの若者の貧困と過酷な労働、雇用不安も大きな影響をもたらしている。この原因を検討し、この若者の現状が人口減少を加速させていることを解明する。人口減少の原因は多面的であるが、戦後の日本社会のあり方の総体に関わっているのである。

1．人口動態の三局面――膨張・反転・縮小

(1) 第一局面――人口増加と膨張世代の安定

日本の人口減少問題の出発点は1970年代半ばであるが、それ以前の人口動態の大きな変化を確認しておこう。人口の変動は時代とともに一定の方向性がある。その方向性は人口転換論で明らかにされている。人口転換論は、西欧社会の歴史の経験から人口の増加の傾向が、「多産多死」から「多産少子」、そして「少産少子」へと推移していることを説明している。

この人口転換論をふまえて日本の1945年から55年の時期を確認しておくこと

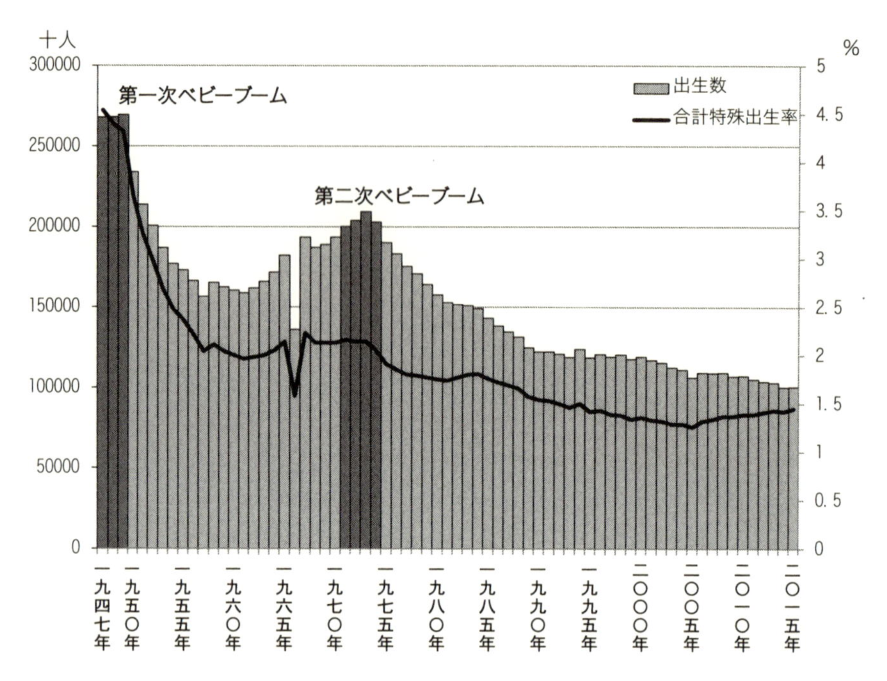

図1　戦後における出生率と出生数の推移
出所：厚生労働省「人口動態調査」より作成。

にする。**図1**はよく掲載されるグラフであるが、この時期に大きな変化があったことがわかる。高い出生数と出生率の後に急下降している。世界的にも、戦後すぐに生まれた者は「ベビーブーマー」と呼ばれている。だが日本との違いがある。イギリスやアメリカではベビーブームは1950年代から60年代までつづき、日本のような出生数の急下降はない。

日本の出生数の減少は出産の抑制によって、多産を押さえたからだ。イギリスやアメリカが急下降はしなかったのはこれらの国ではすでに「少産少死」の時代だったからだ。日本の急下降は、「ジェットコースター」と形容されているが、「多産少子の時代」から「少産少子の時代」への移行によってもたらされたものである。これは、「第一の低下」と呼ばれ、今日の「第二の低下」と区別される(落合 1994)。今日の人口減少は、図1の中頃からの「第二の低下」の問題としてある。

さてここから人口動態の膨張・反転・縮小の三つの局面について検討していくことになるが、先にそのことの意味を三つ指摘しておこう。一つは人口膨張という表層の現象のもとで隠ぺいされたかのような減少の真因、すなわち出生率の低下を明らかにするためである。第二は人口減少の原因を2000年代からの若者の貧困に求めがちだが、真因は1970年代からの日本社会にあることを強調するためだ。そして第三は出生率の低下が鉄の論理となって日本の破局への道を示しているからである。

出生率の低下は、図1でわかるように戦後直後の急低下と、その後の短い時期の安定、そして70年代半ばから今日までつづく長期の低下、このように一貫している。出生率の「第二の低下」が始まったのは1974年で、出生率は2.05だった。その1970年代半ばから約40年間にわたって出生率・出生数ともに減少し続けていたのである。日本社会は、みずからの内部に異変をもたらす原因を長年にわたってかかえ込んでいたことになる。

しかし、人口急減社会が到来するとは、ほとんど気づかれなかったといってよいだろう。それは人口膨張は戦後から2010年の国勢調査まで、これまた一貫していたからだ。生まれてくる子どもの数は減っていたにもかかわらず、人口全体は膨張していた。だが2010年、人口増加は下落に反転した。図4をみればわかるように、踵を返すような反転と人口の急減という現象が突如として生じた。不意を突かれた感がするのは、人口の膨張が一種の目くらましのような作用をしていたからだろう。人口膨張と出生率の低下、この矛盾を解明するカギとなるのが以下に示す三つの人口膨張世代の存在である。

他の世代に比べて人口のボリュームの大きな人口膨張世代は三つある。まずよく知られている「団塊の世代」と「団塊ジュニア」からみていく。戦場から男性が戻ってきてベビーブームが起きた。図1のグラフの左側、1947年から出生数・出生率ともに跳ね上がっていることがわかる。1947年から49年生まれの者は、その後、「団塊の世代」と名付けられた。

さらに第二次ベビーブームがおとずれた。人口の多かった「団塊の世代」が結婚・出産の時期を向かえた。そして1971年から74年にかけて生まれた世代が「団塊ジュニア」である。すでに「少産少死の時代」になったので出生率は上昇しない。しかし出生数が急上昇したのは人口の多い「団塊の世代」の結婚・出産によるものだった。

これまで人口のボリュームの大きい世代として、「団塊の世代」と「団塊ジュニア世代」の二つを取りあげた。しかしそれらの世代よりも前に、人口増加を支えた人たちがいた。「団塊の世代」は確かに人口は多かったが、その前も「多産少死の時代」だったので人口のボリュームは大きかった。この世代が「戦前昭和生まれ」世代である（山下 2012）。

ここで人口膨張世代を確認するために**図2**「1950年の人口構成」と**図3**「2010年の人口構成」を示しておこう。図2の人口ピラミッドの最底辺部分に突出した面積がある。これが「団塊の世代」だ。その上、1950年に25歳（大正14年生まれ）から5歳（昭和20年）ぐらいの領域で広がりがみられる。大正14年、15年と含めて、おおよそ「戦前期昭和生まれ」世代ということができるだろう。

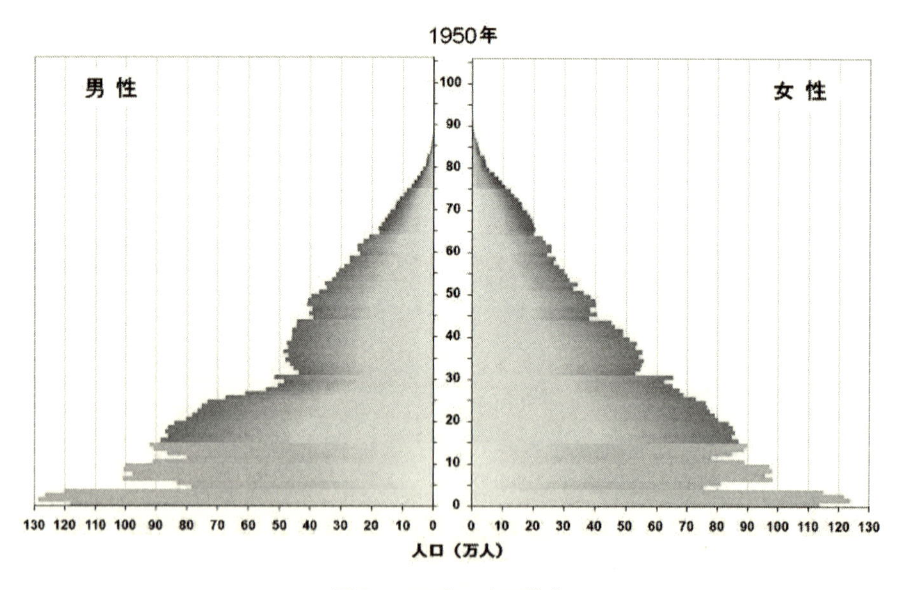

図2　1950年の人口構成

出所：国立社会保障・人口問題研究所ホームページ（http://www.ipss.go.jp/）。

この三つの人口膨張世代を図3で確かめると、戦後の人口増加を理解することができる。「戦前期昭和生まれ」世代は、ピラミッドの65歳から85歳のところにある。これを1950年の人口構成の65歳以上と比べると明らかに膨張しているのがわかる。とくに80歳以上の面積に注目しなければならない。1950年にはほとんど存在しないくらいで、2010年と大きな差がある。

これは平均寿命の伸びによるものであることは言うまでもない。出生数が減り始めた1975年は、平均寿命は男性71.7歳、女性76.9歳だった。2009年には男性79.6歳、女性86.4歳になった。寿命が男性8年、女性9年と伸びたことは、当然、その間、高齢者が存在しつづけることを意味する。

図2をみると、「多産少死の時代」の「戦前昭和生まれ」世代と、その下で広がりをみせる「団塊の世代」、さらにその下の「団塊ジュニア」世代、この三世代が並存しているのがわかる。この人口増加に長寿化があいまって戦後の人口膨張が続いたのである。だが、この人口膨張は、人口膨張三世代の存在という日本の

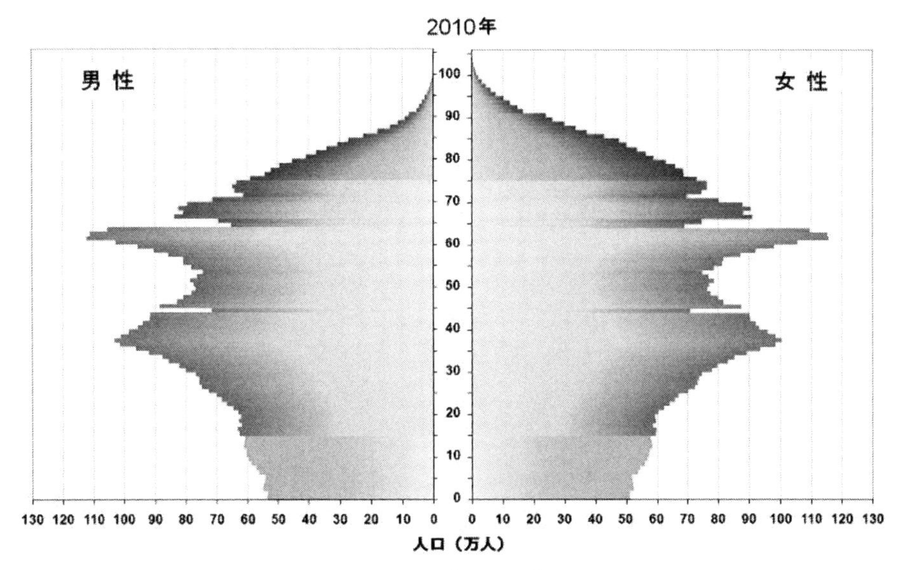

図3　2010年の人口構成
出所：図2に同じ。

歴史のなかで特殊な時期の現象だったことは確認しておかなければならない。

(2) 第二局面──人口動態の反転

増加から減少への反転し、人口急減が生じたことは、これまでみてきた人口増加から理解することができる。寿命は伸びたとしても、やがて人の命はつきる。1950年に5歳から25歳だった者は、2010年には65歳から85歳になった。年長の者はすでに平均寿命に到達している。「戦前期昭和生まれ」世代が退場を始めていた。

人口の膨張を支えた年齢層が、今度は人口の減少をもたらすことになった。死亡率が高まったのである。このマイナス要因に、1975年から続いている出生率・出生数の減少というマイナス要因が加重された。このようにして急速に「少産多死の時代」に突入した。

人口転換論は、多死多産の人口安定から、多産少子の人口増加、そして少産少子の人口安定、この傾向を明らかにした。しかし人口転換論からは想定外の現象が生じてきた。日本の「少産多死の時代」は人口転換論の説明の範囲を超えた事態である。

この人口動態の反転後、2010年以降、人口は急転直下の下降曲線を示している。それは図3の2010年の人口構成をみると理解することができる。戦後の人口の塊は「団塊の世代」と「団塊ジュニア」の二つがあったが、前者が80歳に達するのは2027年、後者は2051年である。このぐらいの年当たりから、やや時間差をおいて、この二つの塊が日本から消滅する。

(3) 第三局面──人口減少社会の縮小再生産

2010年の人口構成での「団塊ジュニア」世代は、2060年には86歳から89歳になる。人口膨張世代の最後は存在しているものの、やがて膨張世代は存在しないことになる。社会の縮小再生産が始まる。つまり人口縮小社会でさらに低い出生率が続く。子どもの数が減るので、さらなる少子社会になる。さらに低い出生率と少ない出生数という循環サイクルがまわる。日本社会の止まらない縮小再生産である。これが第三の局面における日本衰亡の予感である。

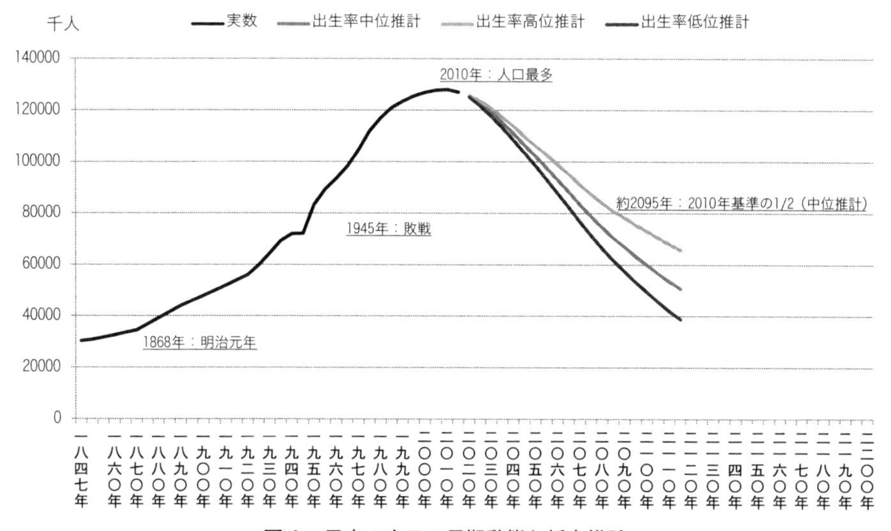

図4　日本の人口の長期動態と将来推計

出所：社会保障・人口問題研究所『人口統計資料集（2017年版）』および「日本の将来人口推計（平成29年推計）」より作成。

図4はインパクトのあるグラフだと思われる。国立社会保障・人口問題研究所は2015年の国勢調査をもとに、2017年に日本の人口の将来の推計値を発表した。その推計値と江戸時代からの人口動態とを合わせるとこのような曲線が描かれる。

この曲線の動きをジェット機にたとえるとこうなる。日本という名のジェット機は上昇を続けてきたが、突如として機首を下方に転じ、急降下しだした。その下降カーブは真っ逆さまのようにみえる。鋭角的で、機体を戻すのは不可能なように思われるぐらいだ。機体は地面に向けて向かって直進している。その地面とは人口ゼロ地帯、日本の衰亡である。

研究所の推定値は2060年で、その後の2115年までは「参考推計値」として示され、推計はこの時点で止まっている。しかしその後はどうなるのだろうか。ジェット機の急下降はエンジン・トラブルから生じたものだ。そのトラブルの原因が除かれない限り、人口ゼロ地帯への激突は避けられない。このエンジン・トラブルこそが出生率の低下である。

2. 企業社会の形成と少子化への道

(1) 日本型正社員の企業への緊縛

人口減少をもたらしているのは出生率の「第二の低下」だったが、1970年代半ばがその出発点だ。この同じ時期に企業社会が形成されたと考えられる。企業社会の視角から現代日本社会を分析するのが企業社会論である。企業社会論は、市民社会における企業と家庭／男性と女性との関係に着目する考え方である。日本の異常な「働き方」と特殊な「家族のあり方」、これを視点にして人口減少問題＝出生率の低下を検討していくことにする。

日本の「働き方」が「家族のあり方」を強く規定していることをリアルに描き出したのが、斎藤茂男のルポルタージュ『妻たちの思秋期』（1982年）だ。出生率が低下しだした時期を対象としている。斎藤はこう表現した。企業という場は、「『男たち』を壮大な夢の渦中に巻きこむ巨大なマシンが回転するのか、だれをも企業忠誠心熱き会社人間に性転換させてしまう不思議な仕掛があるらしい」。そして家族を「夫が企業という戦場に出撃していく基地のようになった家庭」と表現した。

その家族が「父親不在」の日本型家族である。性別役割分業家族や男性稼ぎ主モデルという欧米にもある概念では説明できない。父親が家族と一緒に毎日夕食をともにする、その日常がない家庭、それが日本型家族である。この異常な家族のあり方が改善されることなく今日まで続いている。この異常の堆積こそが日本社会をゆがめた元凶である。

それではこのような働き方をどう見るべきだろうか。『妻たちの思秋期』が書かれて30年後、政府の「成長戦略」を議論する政策会議で、「妻たちの思秋期」現象と関連する用語が飛び出した。「日本型正社員」、「無限定正社員」という言葉である。「規制改革会議」第三回雇用ワーキンググループ（2013年）はこう述べている。

日本の正社員は「職務、勤務地、労働時間などの制約、限定が行われていないということが非常に大きな特徴」をもっている。「男性中心であり、また女性が家事に専念するということで家族単位の犠牲・協力というものが前提にあり、また家族を一家の主が養っていくということで賃金制度も非常に年功的な特色が強かった」。無限定正社員を「日本型正社員」とも形容した。家族扶養の男性世帯主賃金の年功賃金と、そこから生まれる男女の役割分担を指摘したことは注目される。欧米と異質な日本型正社員をややダーティな存在としてとらえた。

斎藤が「企業忠誠心熱き会社人間」と表現した者たちこそが、無限定正社員・日本型正社員なのである。それでは、この日本型正社員がいつ、どのようにして誕生したのか、そして、それを生みだす「巨大なマシン」とはいったい何なのか、このことが検討されなければならない。

日本の「働き方」を深く規定してきたのは日本的雇用慣行である。この慣行は男性従業員の企業への「緊縛」を必然的に生みだしてきた。これが日本型正社員の「日本型」たる特質をつくり出したといえる。これを解明するためには、日本的雇用慣行のなかの年功賃金に着目し、その三つの概念を理解することが欠かせない。

一つは賃金の「決定基準」であり、年齢・勤続・性差・個人の保有の能力など属人的な要素で構成されている。世界標準のジョブ型基準は、個々人に属する要素でなく、職種や職務など現に就いている仕事にもとづいている。二つは賃金の「上がり方」であり、年齢や勤続とともに上昇するカーブを描く。第三は賃金の「水準」であり、「上がり方」に対応して、単身者賃金から世帯主賃金へと上昇する。

これら年功賃金の概念から、「緊縛」をもたらす「安定」「服従」「統合」の三つの要素を解くことができる。まず「安定」である。企業にいる限り、賃金の「上がり方」にもとづいて毎年賃金は上がる。初めは単身者賃金だがやがて世帯主賃金になり、妻子を養うことができる。家族の生活も豊かになる。また終身雇用制のもとでほぼ定年までの雇用が保障される。企業で働き続けていれば、自分も家族も安定した生活をおくることができる。

しかしその「安定」は、企業に「服従」する限りで得られる。年功賃金も終身雇用制も一つの企業に居続けることで得られる恩恵だ。転職したら「安定」は失われる。だから辞められない。従業員は「逃げられない世界」に閉じ込められていることになる。だから経営者は、限りなく残業を強いる絶対的な指揮命令権と、どこへでもいつでも配置転換させる専断的人事権を得ることになる。

なお日本の労働組合の歴史は1975年を大きな画期にしている。それ以前、とくに1960年から1975年の時期に民間大企業の労働組合は、ほとんどが労使協調の組合潮流が指導権を握った。残業を容認する労働基準法36条の労使協定を、拒否することができない労働組合になったのである。「ノーと言えない労働組合」のもとで従業員は会社に楯突いてまで家に早く帰ることはできない。

さらに「服従」だけでなく、企業にみずから「統合」される関係ができている。企業と一体的な意識がもたらされるのには根拠がある。年功賃金は「決定基準」が属人的要素なので賃金は企業の中で決まる。日本では考えにくいだろうが、ジョブ型賃金は企業の外で産業別組合と経営者団体との労働協約で決まる。

企業の中で決まるということは、企業利潤と従業員の賃金総額とが連動することを意味する。企業業績が良ければ個人の賃金も上がるだろう。企業の業績のために職場で従業員は連帯して働く。

さらに「帰りたくない」という精神がつくられる仕組みがある。それは日本特有の仕事の仕方からきている。日本の会社では、上から課せられた業務を、職場のみんなで分担しながら遂行している。誰がどのような仕事をしているか知っているし、進み具合もわかる。何よりも、目標に向かって協力しあいながら仕事をしている。職場での仕事の達成感や連帯感のもとで企業意識は高まり、仕事が終わっても家庭に帰らず、上司部下・同僚たちと飲み語る。家族どころではなくなる意識すら醸成されるのである。

こうして男性は企業に囚われ、「家に帰りたい」、「帰れない」状態が生まれる。さらには職場での一体感から、「帰りたくない」との感情すらつくり出される。その結果、誕生したのが「父親不在」の日本型家族だ。

年功と逆のジョブ型の世界では、このような職場風土が形成されることはない。仕事はそれぞれのジョブに上からトップダウンで下される。労働者は、範囲が限定された職務を自分のスキルを発揮してこなせばよい。だからジョブの世界の労働者は、与えられた自分の職務を、定められた労働時間でおこない、上昇しないが一人前のジョブ型賃金を受けとる。労働時間も短く、残業もほとんどない。会社の同僚と飲むこともない。さっさと帰宅し、家族と夕食をともにする。これが毎日の生活である。

ところで日本型正社員の特質は企業に強く繋ぎ止められるところにあった。このような従業員は戦後労働運動の高揚期にはありえなかった。つまり日本型正社員は民間大企業の労働運動の終息の後に出現したとみなければならない。企業に緊縛される日本型正社員の男性と、「父親不在」の日本型家族を担う女性、このワンセット構造を特徴とする企業社会は1970年代後半に形成されたとみるべきだろう。

(2) 日本型家族の形成と女性のうっ屈

「父親不在」の日本型家族は女性のみによって担われる。家事・育児・老親介護の万端を引き受ける専業主婦でなければならない。せいぜいパート主婦だろう。女性たちは、「父親不在」である限り、家庭の主婦であり続けなければならなかった。欧米では女性たちが主婦役割を問い、働きに出るようになった。女性が働くようになり、女性の運動も高まり、性別役割分業も変化した。男女がともに働き、ともに家庭で家事をする方向にむかっている。

だが日本ではどうだったのだろうか。『妻たちの思秋期』の社会現象は多くの注目を集めたが、社会問題になることはなかった。男性の働き過ぎを問題にする大きな運動も起きなかった。それは、さきにみたように男性が、企業での働き方を受容したからである。しかし多くの女性たちも受容した。その背景は男性と同じく日本特有の生活保障システムから生まれてきたものと思われる。

日本の年功賃金は、単身者賃金から世帯主賃金へと上昇する特徴をもっている。結婚したからには、男性の賃金が単身者賃金にとどまっていてもらっては困る。妻は一刻も早く夫の給料が上がってほしいと思う。それに日本は、福祉国家ではないので賃金ですべての生活を成り立たせなければならない国だ。住宅ローンを組んで持ち家を手に入れ、教育費も稼ぎ出さなければならない。家族の生活は、父親が稼いでくる給与やボーナスに支えられている。

会社の方は、年功賃金だから毎年賃金は上げるが、ハードな仕事もこなし、残業もやってもらう。生活の向上と過酷な労働はセットの関係なのである。このような生活保障の仕組みを前提にすれば、父親を会社に「差し出す」以外にはない。

しかも、「父親不在」さえがまんすれば、親子は物質的な「幸せの階段」を登ることができる。毎年上がっていく給与やボーナスで母親や子どもはモノを買うことができる。期待はふくらむ。大学にもいかせることもできる。日本型雇用の年功賃金システムが提供するこの「幸せの階段」こそが、日本型家族を家族に受容させる根拠となったといえるだろう。

しかし、男性も女性もこの家族のあり方を、幸せの形として積極的に受容したのではない。異形なものを受け入れるうっ屈があった。1980年代半ば、過労死という言葉が登場し、過酷な労働が支配しつつあった同じ時期、欧米の人ならばびっくりするようなテレビ・コマーシャルが流れた。それは1986年の「亭主元気で留守がいい」で、この年の一番人気のCMだった。また、この年の流行語大賞には「家庭内離婚」が選ばれた。愛情は冷めてしまったのに、離婚することができない夫婦の形態を鋭く表現した言葉で、世の中にショックを与えた。この状況は続き、ついに『夫に死んでほしい妻たち』（2016年）という題名の本も出版された。

日本では結婚は必ずしも幸せをもたらすものではない。結婚とは日本型家族を受け入れることであり、その後に、どのような状況が待ち受けているのか、多くの女性たちは知ってしまった。女性たちに、日本型家族の状況を自然に受け入れるのか、逡巡しながら投身するのか、忌避するのか、その選択が迫られる状況が生まれた。

「団塊の世代」の結婚ラッシュと出産ブームの高まりが過ぎ去った後に、結婚を考える女性たちは、いずれかを選び取ることとなった。1970年代半ばから出生率は下がり始めた。人口急減社会をつくりだす歯車が軋み始めたのである。ここから、図1で示したように出生率と出生数は、長い滑り台をすべり落ちていくように下降していくのである。

3．日本型家族の忌避と結婚選択

(1) 女性の労働力化

人口減少は出生率の低下によってもたらされる。出生率の低下は未婚化・晩婚化・晩産化・非婚化によって引き起こされる。つまり女性が結婚をしない。または結婚を先延ばしにする。その選択の結果である。まずその実態について検討していくことにしよう。

女性の労働力化の時代は、日本は欧米よりも遅れて到来した。欧米は1960年代から始まったが、その時代、日本では専業主婦の増加と労働力率の低下が生じていた。欧米で女性の労働力化が進んだときに、日本では「団塊の世代」の結婚と専業主婦率の上昇がすすんだ。欧米とは逆方向だった。

図5からわかるように、短大卒女子の就職率は1970年代から92年のバブル経済の崩壊まで、ほぼ一貫した増加がみられる。それに対して大卒女子の就職率は、逆に70年代半ばまで低下している。短大卒の女性は、結婚すると退職する傾向が強かったので、企業は「若年短期未婚」型の労働力として活用した。それに対

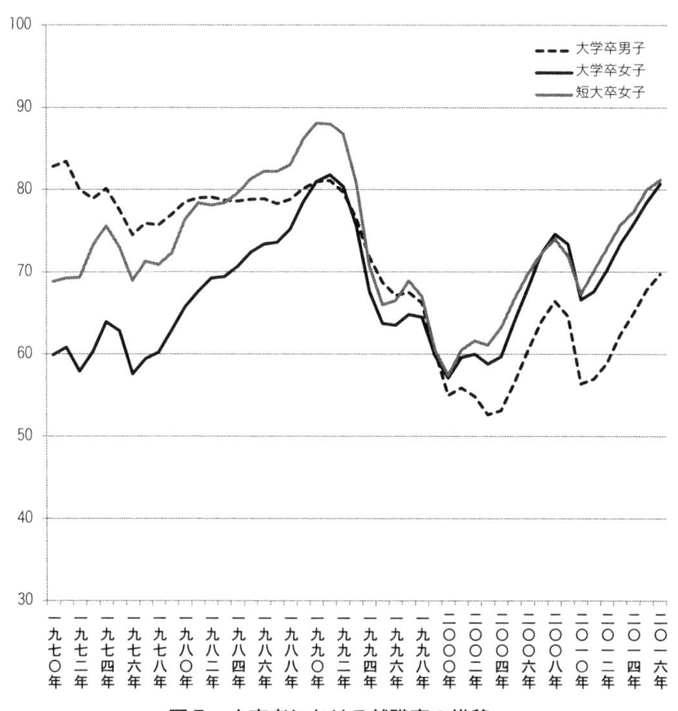

図5　大卒者における就職率の推移

注：卒業者のうちの就職者（就職進学者を含む）の割合。
出所：文部科学省「学校基本調査」より作成。

して、四年制大学卒は使いにくいという企業側の意識もあった。また、女性にも結婚願望と専業主婦志向が強かったことも就職率の低さにつながっていた。四年制大学を出ても、就職することが一般的ではなかった。

就職せずに結婚するので結婚年齢も低くなる。戦後、女性の初婚年齢は23歳台を推移し、1957年から76年まで24歳台をつづけた。また、「見合い結婚」と「恋愛結婚」の割合は1960年代後半、ほぼ半々だった。「お見合い」をしてでも女性はなるべく早く結婚する。結婚したら専業主婦になる。これらのことは当時の多くの人々の普通の感覚だった。

しかし女性の労働力化の上昇が始まった。低下しつづけていた女性の労働力率は、1975年を底に上昇に転じた。大卒女子の就職率も、図5からわかるように、1976年の57.6％まで下がっていたが、その後、急上昇した。

(2) 女性の就労による結婚の選択

女性の就労と結婚とはやや古いテーマのようであるが、これがもつ少子化へのインパクトは大きいものと思われる。それは、女性の就労が一般的でなかった時代と、女性が働くことが当たり前になった時代とでは、女性の結婚意識に決定的な差が生じるからである。

女性の労働力化は、家の外で働く女性の登場を意味する。とくに女子学生の就職は、パートタイマーという世帯主の収入に依存した働き方ではなく、多くは働くことで自分の生活を支える正社員だと考えられる。女子学生の就職率の上昇は、経済的に自立できる女性が大量に登場したことを示している。女性の経済的自立、これが女性の労働力化が意味するものである。

それではこのように経済的に自立できる女性は、結婚をどのようにとらえるのだろうか。まずは先延ばしだろう。そのあたりの雰囲気を伝えたのが、酒井順子のベストセラーエッセイ『負け犬の遠吠え』(2003年）だった。酒井は、30歳代以上で未婚・子なしの女性を、自分をふくめて「負け犬」と呼んだ。それは「なぜ結婚しないのか」、「子どもが嫌いなのか」、「彼氏がいないのか」という執拗な問いに、どうせ負けましたと答えるのが、当座を逃れる一番の術だと考えたからだ。自虐的な表現だ。

そのなかで、酒井は「負け犬が負け犬になった理由」として「私達が普通の家庭というものを嫌悪しているわけでもないのです。ただ、ふと気がついたら負けていた」と述べている。この言葉は意味深い。「ふと気がついたら」という表現は、それとは意識せずに結婚しないで未婚のままでいた、その気持ちを表している。これが経済的に自立できるようになった女性が、結婚に尻込みする気持ちだろう。

結婚の先延ばしから、多くの女性たちがさらに非婚の選択へと向かうこともあり得る。結婚とは日本型家族を受容することで、それを受け入れないならば、結婚をしないようにする以外にはない。

『負け犬の遠吠え』が出版されたころ、私が勤務していた女子大学のゼミナールでのことだ。『負け犬の遠吠え』を題材に女性の就労と結婚をテーマに話し合った。しばらくして、あるゼミ生が「要するに、結婚は、女性の人生にとってオプションになったということですね」と発言した。オプションとは、的確な表現だった。

人生のなかで女性は結婚しても、しなくてもいい。それはその人の選択なのである。結婚が女性にとっての人生の選択となる時代の到来、その意味は大きいと感じた。戦前は7割近くが「見合い結婚」だ。親は、娘の嫁入り先をさがし、ともかく嫁がせることが責任だと考えられていた。女性は戦前から長いあいだ、大人になって親元から自立するには結婚という方法しかなかった。結婚は女性のオプションではなく、親元から自立する必然の道だったのである。しかし、結婚以外に経済的に自立できる方法を女性は獲得した。結婚は必然ではなく、選択になった。女性の就労が結婚観を転換させたのである。

一方、結婚を選択することは、日本型家族の主人公になることであり、家事や育児、子育て、老親介護という家族責任の万端を背負い込むことである。「少子社会を考える」の副題をつけた『1998年版 厚生白書』は「父親不在」の家庭で、母親が一人で子育てを強いられるその精神的な負担感をリアルに記述した。「子育てが家庭で母親だけが担うべきものとなっていった。この結果、子どもが小さい間は、アパートの一室で育児書を片手に一日中一人で乳幼児と向き合うという状況が、妻たちの孤独感、負担感を生んだ」。

「一人で乳幼児と向き合う」のは核家族だからだ。戦後家族が確立してから、夫婦と子どもで構成される核家族が多数派だった。子どもの世話で祖父母にも頼れない。父親は家に帰ってこない。もう子どもはうんざり、一人でけっこうという精神的状況におちいるのは十分ありえることだ。

さらに結婚を避けることが、たんに消極的な選択ではなく、結婚どころではないとの意識的な忌避の精神状況が生まれているように思われる。それは女性がこれまで手にすることができないものを手に入れたからだ。それは、仕事のやりがいや、友だちづきあいの喜び、趣味や娯楽の楽しみ、これら人間としての人生の豊かさである。それは、これまで、家庭責任を逃れている男性の専有物だった。それを女性も手に入れた。

日本が性別役割分業の廃棄の方向に進んだとしたならば、結婚以外の人生の豊かさと、結婚との両方とも手に入れることができる。しかし日本型家族では両方は成立しない。結婚を選択すれば、この人生の豊かさを手放すことになる。だから、選択を先延ばしにする。

人生の豊かさとその悲喜こもごもを感じているあいだ、結婚を決断することはなく、時間がたってしまった。もはや結婚をあえて選択する必要はない。日本型家族のもとでの女性の経済的自立が非婚化を促す要因になっているものと考えられる。

(3) 世界と真逆の日本

女性の労働力化によって経済的自立が可能になり、そのことで結婚しない選択もありえるようになった。それは日本型家族を受容しない人生のリスク回避でもあった。しかし結婚と女性の豊かさとを両立させる道もあった。それが世界の流れだ。

アメリカのベティ・フリーダンは『新しい女性の創造』のなかで、1950年代、アメリカのホワイトカラー男性と結婚した専業主婦の心の奥底にある得体の知れない不安を探り当てた。そして、「『夫や子供や家のほかに、私はもっと何かがほしい』という女性の心の叫び」が、やがて「国や文化を改革することになるかもしれない」と述べた。主婦役割への疑問が社会を変えていくことを予感させた。

実際に、欧米では1960年代から女性の労働力化が急速に進んだことで、「家で家事をする」という女性役割を問い直す動きが起こった。その高まりが国連に反映して大きな変革の動きが始まった。1975年、国連が開催した国際婦人年世界会議で、「男女の伝統的役割を変更することの必要性」を強調する「世界行動計画」が採択された。

また、1979年に国連で採択された「女子差別撤廃条約」は、性別役割分業の廃棄を提唱した。前文で「社会及び家庭における男子の伝統的役割を女子の役割とともに変更することが男女の完全な平等のために必要である」と述べている。性別役割分業を変容させる道である。これが結婚しながらも、「夫や子供や家のほかに、私はもっと何かがほしい」との女性の豊かさを享受する方向だった。

しかし日本はこれとは真逆の方向をとった。「女子差別撤廃条約」を1985年に批准したものの、実際は反対の道を歩んでしまった。すでに検討したように性別役割分業の変容ではなく、男女の役割は固着したままだ。女は家で家事をして、男は外で働く。それどころか、男は外で働き、家に帰ってこないという日本型の家族である。世界の流れと逆方向に走ったその結果が日本の孤立だ。世界経済フォーラムが発表したジェンダー・ギャップ指数（2016年）で、日本は111位、世界に冠たる女性差別国になっているのである。この女性差別国における日本型家族を忌避する道は、経済的に自立した女性が、オプションとなった結婚を選択しないことによって可能になるのである。

4．企業社会の重畳的変容と少子化の加速

（1）労働社会の反転と構造的変化

「重畳的」とは、畳が折り重なったような変化のことを意味している。日本型正社員と日本型家族は変わっていない。年齢や勤続で自動的に昇給や昇進する制度は崩れつつあるので従業員を緊縛する「安定」や「統合」の要素は後退しただろうが、「服従」は変わっていない。しかし重要なことは2000年代以降、貧困と過酷な労働、雇用不安という社会的危機が、もう一枚の畳のように若者にかぶさってきたことだ。この時代に投げ込まれた若者は結婚・子育てどころではない。自分が生きるので精一杯だ。少子化はいっそう加速させられることになった。

まず1990年代、図5で確認できるように、若者は「就職氷河期」、「就職超氷河期」にみまわられた。「団塊ジュニア」はこの直撃を受けた世代だ。この「団

塊ジュニア」を先頭にして、それからの若者は「受難の時代」をむかえた。

さらに1990年代末、戦後日本の労働社会に構造的な変化が生じた。その変化は急反転の現象をともなっていた。上昇から下落、増大から縮小、きびすを返すような反転は、1990年代末から2000年代初頭にかけた数年間に生じた。

その急反転は雇用と給与の二つの面から同時に生じている。雇用の面では戦後ほぼ一貫して急上昇していた雇用者総数は1997年をピークにして反転下落し、その後は停滞している。この雇用者数の停滞は正社員の減少と非正社員の増加とが相まってなされている。男性正社員はやはり1998年から下落に転じている。非正社員の比率は、後に年齢別のデータを示すが、男性の割合は2000年代に入り大幅に増大した。

給与の面では、**図6**の月間給与総額をみれば一目瞭然だろう。高度経済成長期をつうじて急上昇し、第一次、第二次のオイルショックや、さらにバブル経済の崩壊をもものともせず、うなぎ登りだった。それがあっという間に1998年、急

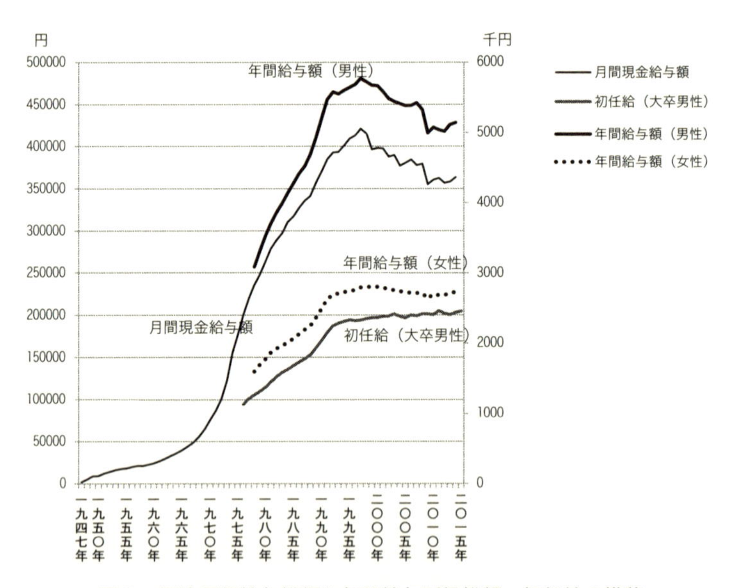

図6　平均月額給与総額と年間給与所得総額、初任給の推移

注：月間現金給与額は企業規模30人以上の常用労働者。年間給与額は1年以上勤続者。
出所：厚労省「毎月勤労統計調査」、「賃金構造基本統計調査」、国税庁「民間給与状態統計調査」より作成。

降下し、下落しつづけている。年収ベースでも賃金上昇から下落がみてとれる。国税庁の年間給与所得総額が、図6の上（男性）と下（女性）にえがかれている。予期せぬ減額で住宅ローンや教育費はどうなることか。将来の生活設計がくるってしまう者も少なくないだろう。

雇用については非正規雇用の拡大に注目しなければならない。それは極端な低賃金労働者が急速にそして膨大に広がっていったからだ。**図7**の年齢別非正社員

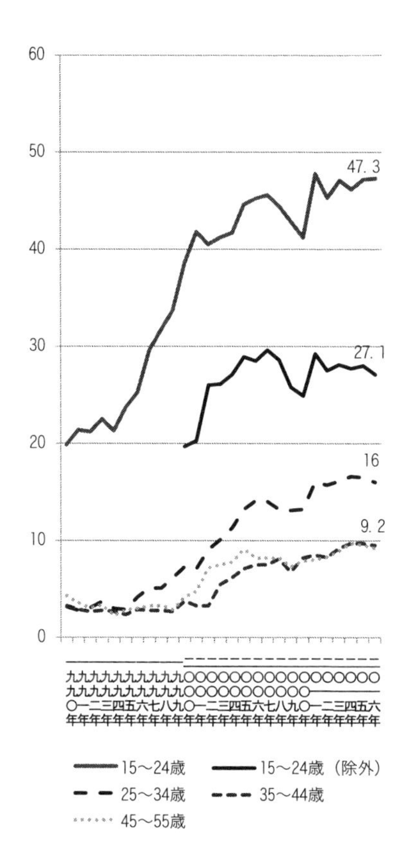

図7　年齢別非正社員比率の推移（男性）
注：「15～24歳（除外）」は就学者の除いた比率
出所：総務省「労働力調査」長期時系列表より作成。2001年までは2月、02年からは1～3月平均。

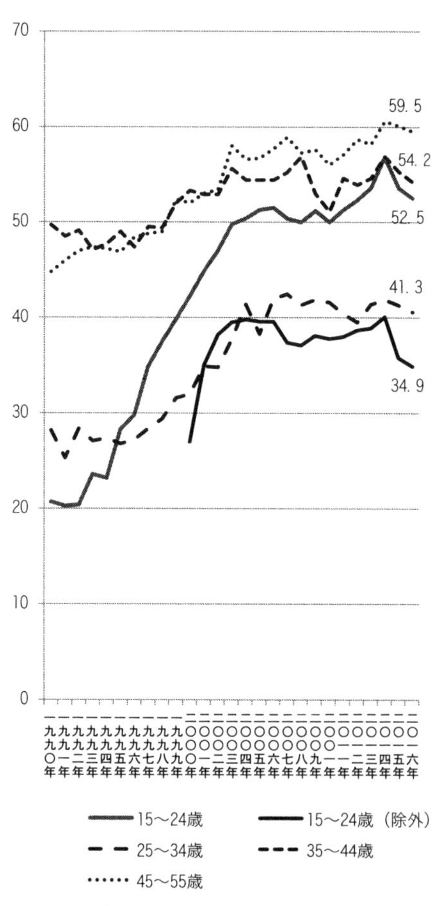

図8　年齢別非正社員比率の推移（女性）
注・出所とも図7に同じ。

比率（男性）のなかで「15～24歳」層は在学生を含んだデータと除外したデータを載せた。在学生を除外したものは労働力調査では2000年からある。学生アルバイトを含んだ比率は1990年代後半から急上昇し、除外した比率は2000年代から大幅に拡大している。男性の今や3割弱は職業人生の初発の時から非正規労働者の道を歩むことになるとみることができる。

一方、女性はさらに深刻だ。2000年代に急上昇し、就学者を除く「15～24歳」層の約4割にもおよんだ。2015年から下降傾向がみられるが、人口減少問題がすでに若年層では低賃金の労働力不足を引き起こしていることの現れだ。しかし女性はその後の年齢層で非正社員比率は上昇している。多くの女性が非正社員として職業人生に入り、そのまま非正規の働きをしていることがうかがわれる。

このように戦後の労働社会は1998年を画期にして反転し、雇用と所得の面で深刻は状況を生みだし、膨大な若者の貧困化をもたらしている。この貧困化は若者の家族形成を不可能にするようなインパクトをもって広がっている。その要因について以下に検討することにしよう。

(2) 若者の貧困と家族形成の不能

2000年代半ば、「若者にとって今や家族は贅沢品なのです」との言葉を首都圏青年ユニオンの役員から聞いた。完全に時代に対応した言葉だった。それは家族が形成できないような低賃金労働者が急速に広がりだした時期だったからだ。若者の貧困化はつぎの三つの要因によって引き起こされていると考えられる。

第一は春闘の機能不全による賃金の下落である。

2002年、賃上げ率は一％台になった。この厚労省「民間主要企業春期賃上げ要求・妥結状況」は、「資本金10億円以上かつ従業員1000人以上の労働組合のある企業」（定期昇給込み）のデータだ。それ以下の企業では経営者による「ベアゼロ・定昇なし」の賃金抑制がつづいているものと考えられる。

ところで春闘は終息させられたかもしれないが、（木下 2016a）で、グラフで示したように世界の主要先進国のなかで雇用者報酬が下がっているのは日本だけである。「この違いはどこにあるのだろうか。日本は年功賃金だが、日本以外はすべてジョブ型賃金だ。日本は企業別労働組合だが、日本以外はすべて産業別労働組合だ」。

つまり春闘は日本独特の賃金運動だったのである。年功賃金の概念の「賃金決定基準」からくることだが、賃金は企業内で決定される。したがって企業業績と賃金総額とは連動する。個別の企業だけが賃上げすると叩かれるので、せめて賃金原資（ベース）を何パーセント上げるかをそろえることにしよう。これが春闘だ。同じ業界内でアップ率をそろえれば、企業同士の競争条件は同じになる。それぐらいはできるだろうということだ。

しかし春闘は立ちゆかなくなった。それは、春闘には必要不可欠な前提があったからだ。その前提条件は二つあり、一つは企業別労働組合の一定の力量が必要とされていたことだ。企業の言うなりにならないだけの結束力がなければならない。

それは1975年まではあった。「半日以上のストライキの労働損失日数」（厚労省「労働争議統計調査）は労使の対抗の鋭さと労働組合の強さを客観的に表している。1960年代から70年代前半までストライキの力は確実に上昇していた。しかし1975年を転換点にして上昇から一挙に下降した。今やゼロに近づくほどになってしまった。

ところが、労働組合運動の力が減退したにもかかわらず、賃上げ率の方はまだ一定の比率をたもっていた。賃上げもなされていた。それは春闘のあと一つの前提条件が存在していたからだ。その前提条件は経済成長と労働力不足である。当時は経済成長のもとでつねに労働力不足が労働市場の基調となっていた。同業他社に引けをとらずに、良い人材を確保するには見劣りする賃金であってはならなかった。中小企業への賃上げの波及効果は、正社員の労働力不足を媒介にすることで生まれていた。新卒者を採用するには初任給を上げなければならない。しかしこの前提条件が崩れたことは雇用をめぐる反転以降の動向からも明らかだ。成立の前提条件を失った春闘は、機能不全の状態におちいったのである。

この「ベアゼロ・定昇ストップ」の賃金抑制は特に若者に貧困を押しつけることになっている。それは年功賃金の「賃金水準」が単身者賃金から世帯主賃金へと上昇する特質からきている。つまり、世帯主も生活は苦しくなるだろうが、若者は単身者賃金に据え置かれ続けることを意味するからだ。これが若者に家族形成の不能をもたらしていると考えられる。

若者の貧困化の要因の第二は非正規雇用の拡大による低所得化である。非正社員化の波は労働社会をのみ込みつつある。なぜ広がっているのか。それは当たり前のようだが、非正社員の賃金は正社員よりも低いからだ。経営者は正社員よりも低い賃金ならば、労働コストの削減のために非正社員を活用したがるのは当然ともいえる。

しかし疑ってかからなければならない。同一労働同一賃金が実現している世界では、格差は基本的には生じないはずだからだ。同一労働同一賃金の原則は同じ仕事ならば同じ賃金、つまり「同一ジョブ」=「同一賃金」のことだ。日本の賃金の決定基準である年齢や性差、勤続、能力を「同一労働」の物差しとすることはできない。だから属人的な賃金決定をつづけるかぎり、世界標準の同一労働同一賃金を実現することはできないことになる。

ところで同一労働同一賃金は、賃金を同じにすることであり、賃金水準とは関わりがない。しかし「同一賃金」にするべき相手の賃金水準を視野に入れると、つぎにみるように、貧困問題にかかわってくる。同一労働同一賃金の原則は、（木下 2016b）で詳しく検討したように「同一労働」=「同一賃金率」である。賃金率とは、それぞれの職種の一時間当たりの賃金額=職種別賃金率のことだ。正社員もこの賃金率がベースになり、週給や月給が支払われる。労働者の賃金収入は、職種別賃金率×労働時間、この数式によって基本的には計算される。フルタイム労働者は賃金率×8時間、パート労働者は賃金率×5時間になる。賃金の総額は違うが、賃金率は「同一賃金」だ。

ここに賃金水準が絡む。ジョブ型賃金は年齢とともに上昇しないが、フラットなところは家族形成が可能な賃金だ。単身者賃金ではない。だからフルタイム労働の正社員だと、賃金率×8時間=家族形成可能な賃金額となる。これに同一労働同一賃金の原則が適用される。賃金決定の基準に雇用形態の要素は入らない。だから正社員の職種別賃金率と非正社員のそれとは「同一」だ。そうすると非正社員の場合にも、フルタイム働いたら正社員と同じ賃金になる。つまり家族形成可能な賃金だ。この基準から日本をみると、フルタイム働いても生活できず、貧困におちいることはあり得ないことになる。

日本の年功賃金の世界では、この同一労働同一賃金の原則が存在していない。それでは非正社員は何を基準にして賃金が支払われているのだろうか。その基準が最低賃金制の賃金水準である。非正規労働力の労働市場における需給バランスが加味されるとしても、最低賃金額に限りなく引き寄せられるのである。その賃金水準を以下に検討する。

第三は最低賃金制度の極端な低賃金水準である。年功賃金の概念で確認したように、年功賃金は単身者賃金から男性世帯主賃金へと上昇する。生活を成り立たせるには単身者賃金にとどまってはいられない。若者も入社してやがてそこから脱出していた。

ここで注目しなければならないのは、民間の賃金相場のなかで最低賃金のレベルはこの単身者賃金ということである。単身者賃金というのは正確さに欠ける。初任給の水準だ。若者が自分で住宅をもち、衣食住をすべてまかなえるような、経済的に自立した単身者の生活水準とはいえない。独身者の寮に入ったり、住宅費が基本給に加算されてたりして、成り立っていた。女性は親元から会社に通うのが普通でもあった。

さてこの問題の眼目は、最低賃金制のもとで国家の決める賃金水準は、民間の最低賃金のレベルを大幅に超えることはできないということだ。絶対主義の時代ならば労働条件を決めるのは政治権力だった。だが資本主義の近代市民社会では労使自治の領域での決定が基準となる。つまり最低賃金制度の賃金水準は、民間の最低賃金水準から離れた低賃金を規制することはできても、その水準を大幅に超えて設定することができない。最低賃金額は、民間の初任給水準への下方抑制をつねに受けているのである。

以上みてきたように今日の年功賃金の世界では、企業横断的賃金決定の不在による賃金の下落、同一労働同一賃金の実現不能による非正社員の低賃金、そして初任給水準への最低賃金額の抑制、この三つによって若者の低賃金、貧困化が生みだされていると考えられる。これまで春闘で大幅賃上げを実現した環境は、時代転換とともに一変し、年功賃金は今や生活困窮メカニズムに転化したとみなければならない。これが以下にみるように未婚化の急上昇と、出生率の低下にかかわっている。

(3) さらなる人口減少に向かって

図1の「団塊ジュニア」の動向から予想すれば、少子化は進むとは考えにくかった。第二次ベビーブームの「団塊ジュニア」の先頭は1996年に25歳になる。ここぐらいから第三次ベビーブームが起きてしかるべきだった。図のグラフをみればわかるように、その時点でも出生率と出生数ともに下降している。第三の波は来なかった。

すでに検討したように、「就職氷河期」で示されるように1990年代に若者の雇用不安が広がり、2000年代に入り貧困化が深刻化した。さらに2010年代には「ブラック企業」の言葉が登場するように若者は過酷な労働のもとで働かされていることが明らかになった。この貧困と過酷な労働、雇用不安のもとで若者は働き、生活している。結婚し、子どもを産み育てるどころではないことはもはや言うまでもない。だから第三次ベビーブームは起きなかったのである。

それを明瞭に示しているのが、**図9**と**図10**だ。図9の未婚率の推移の「25～

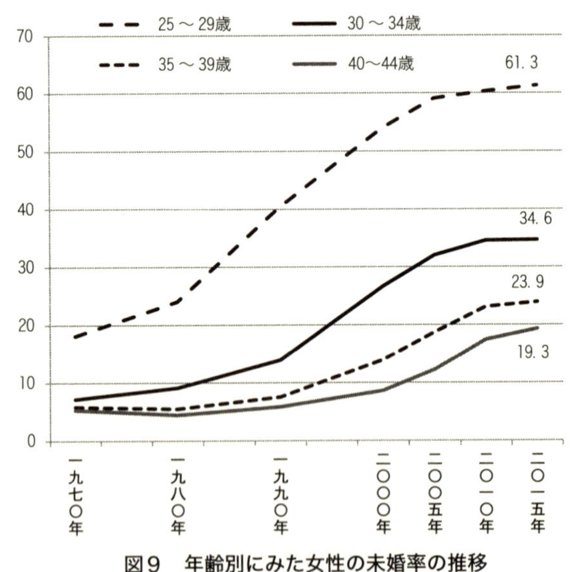

図9　年齢別にみた女性の未婚率の推移

出所：総務省「国勢調査」より作成。

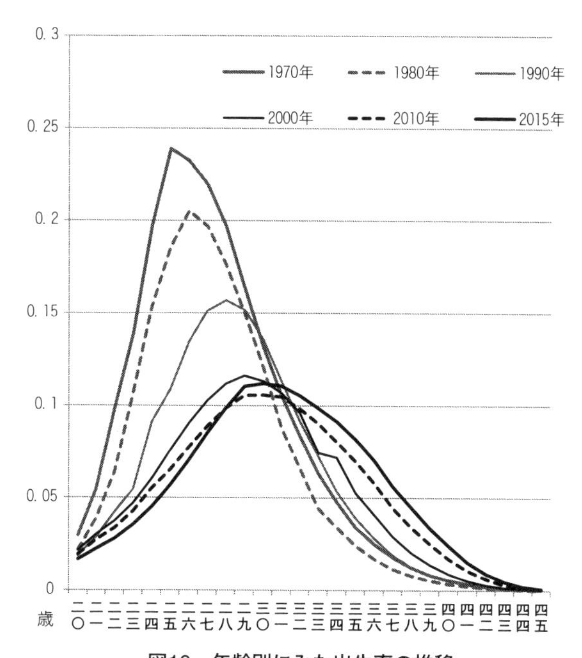

図10　年齢別にみた出生率の推移

出所：厚生労働省「人口動態調査」より作成。

29歳」層に注目すると、「団塊ジュニア」の先頭が25歳になる1996年では半数ぐらいは未婚であり、2015年には6割におよんでいる。他の年齢層も1990年代以降、加速度的に上昇しているのがわかる。2015年、「30〜34」歳で女性の約3人に1人が、「35〜39歳」で約4人に1人が未婚である。日本は欧米に比べて婚外子の比率が極端に低いので、未婚すなわち子どもがいないとみてよい。

図10は年齢別の出生率の変化をみたグラフである。出生率の高さは、2000年から劇的に下がっていることが分かる。年齢別の出生率は、そびえる山からなだらかな丘の曲線へと構造的に変形してしまった。20歳代では子どもを産まない。30歳になって生むというように変わった。30歳代前半と後半の曲線の膨らみがますます大きくなっている。この変形を再変化させることなしには出生率の上昇をのぞむことはできない。

ところで2006年から、出生率はやや上昇傾向を示している。2006年は「団塊ジュニア」が35歳になった年だ。指摘されているように「団塊ジュニア」が高齢出産の時期をむかえ、「駆け込み出産」が増え、そのことで出生率を上げたのである。この図では2015年の1.45まで上がっている。

一方、2016年の政府「ニッポン一億総活躍プラン」は、「10年先の未来を見据えたロードマップ」のなかに「希望出生率1.8」との目標を掲げた。出生率1.8は、1977年の水準である。出生率の長期の低下が始まった1970年代半ばの水準に戻すということだ。

重視すべきは、社会保障・人口問題研究所の「日本の将来人口推計（2015年推計）」である。出生率の「中位」の仮定値では、2016年から1.44に下がり、2065年まで1.4台を推移している。政府は根拠のない楽観的な目標を掲げるよりも、2065年までの出生率1.4%台の推計値を重く受けとめるべきだろう。

2015年の小さなピークの後、2016年から1.4%台の低出生率がつづく。つまり2016年の出生率1.4が、すでに検討した少子社会の縮小再生産の出発点になるのである。少子社会でなお続く低出生率、この循環メカニズムこそが日本を破局へと向かわせることになるだろう。

5．少子化対策と人口減少対策

2014年の政府「経済財政運営と改革の基本方針2014」（骨太の方針）は「50年後にも1億人程度の安定的な人口構造を保持する」との見通しを示している。50年後は図4では2065年に相当するが、ここは8808万人だ。これを図の横線のメモリ、1億人のところに引き上げることを意味する。このための抜本的な施策はなんら打ちだしていないといえる。

一方、「ニッポン一億総活躍プラン」は「希望出生率1.8」の「実現に向けた」課題として「結婚」、「妊娠・出産・子育て」及び「ひとり親家庭」の三つをあげている。しかし、「結婚」については「『結婚したいという希望を実現』できるよう、『若者の雇用安定化・所得向上』及び『出会いの場の提供』」など述べ、後は「保育・育児不安の改善」、「待機児童の解消」など待機児童対策がふれられているぐらいだ。

少子化対策で少子化は止まらない。それは育児休業制度や保育施設の拡充、児童手当など主に女性が働きながら子育てをする環境の整備だ。しかし本稿が一貫して指摘してきたように人口減少は日本の働き方と家族のあり方を根本的に変革しない限り実現しない。だから少子化対策だけでなく、人口減少対策を国家戦略として掲げることが必要とされる。そのための構想をこの小論でふれることは出来ないが、少なくとも以下の二つの視点を欠かすことは出来ない。

まず企業に緊縛される日本型正社員を克服することが人口減少対策の根本でなければならない。2017年、政府は「働き方改革実行計画」を提起した。その最大の限界は、相も変わらず日本でしか通用しない年功的な「働き方」の枠内にとどまり、そのなかでの微弱な改革でしかないことだ。年功的な「働き方」を改革する問題意識は皆無である。

ジョブという世界標準の処遇に転換するためのジョブ型「働き方」改革が求められている。際限のない労働を強いられる無限定な日本型正社員は、ジョブ型処遇へ移行することでしか克服することはできない。

つぎは日本型家族を改革する視点である。「活躍プラン」は人口減少対策として「安心して子供を産み育てることができる社会を創る」としている。正しい提起である。しかし不思議なことだが、「活躍プラン」は男女共同参画基本法（1999年）についてまったくふれていない。「安心して子供を産み育てることができる社会」は、男女が家庭でともに家事・育児をし、職場でともに働き、地域でともに生活するという男女共同参画社会基本法の理念のもとでしか実現できない。

ところで興味深いことに、このことを、かつて厚生省は理解していたふしがあった。『1998年版 厚生白書』はこの問題にふれていた。「団塊の世代」の結婚や専業主婦の願望についても批判的に紹介した。また「三歳児神話」について「少なくとも合理的な根拠は認められない」と否定した。

そのつぎの年、1999年春、少子化キャンペーンの一環として厚生省はその後、物議をかもし出すことになる大きなポスターを地下鉄の駅に張り巡らした。そのポスターは、安室奈美恵の元夫君が上半身裸で、これまた裸の赤ん坊を抱いているというものだ。そこには「育児をしない男は、父とは呼ばない」と書かれていた。強烈なメッセージだった。つまり、そこには、「三歳児神話」を否定することで女性が働くことを奨励し、ポスターでは男性が育児に参加することを促す明確な主張があった。大胆で正当な問いかけだった。

しかし、性別役割分業に疑問をなげかける厚生省の姿勢は、その後、弱まったようにみえる。保守系の国会議員が厚生省に抗議にいき、家庭のあり方は、おのおのの家庭内で夫婦が決めるべきものであり、これを固定的に考えるべきではないと主張する出来事もあった。

厚生省の主張のトーンダウンの理由はともかく、「育児をしない男は、父とは呼ばない」のフレイズが与える影響は根源的だった。それは、男性の意識の問題にとどまらず、やがて「育児に参加」できない労働環境へと目を向けることになるからである。そこには、このような働き方を肯定する経済界の抵抗が予想される。それを克服しないかぎり、少子化対策の根幹は揺らぐ。ポスターの顛末はこのことを教えたようである。

あと一つ、男性の育児参加への奨励は、男性中心の家父長的な家制度に郷愁を感じる保守系政治家の抵抗を呼び起こすほど大きかった。戦前の家制度イデオロギーは役割分担の変更を許さない。少子化対策として男性に育児参加を促すことは当然のことのようだが、日本では当たり前になっていない。国際水準からすれば驚くべきことだがこれが日本の現実なのである。

男女共同参画基本法は各都道府県、市町村の自治体に、参画社会に向けた計画策定を促している。そのことに反対する政治家が2000年代に台頭する。男女共同参画社会基本法へのバックラッシュが始まったのである。

だがこのような流れであっても、「父親不在」の日本型家族を改革するにはジェンダー視点が欠かせない。世界の流れとともに、男女の役割分担をなくすことが少子化対策と人口減少対策にとって不可欠の視点となる。

人口減少を克服するには、まずは日本型正社員と日本型家族に焦点を当てなければならない。そのための対策にはジョブ型思考とジェンダー視点を欠かすことはできない。しかしこの認識は政治家や官僚、経済界、労働界のあいだでも、また国民の意識としても広く共有されているとは言いがたい。人口減少が日本を破局の道へ向かわせる前に、人口減少対策の国家戦略を構築することが求められている。

〔参考文献〕

大沢真理（2002）『男女共同参画社会をつくる』日本放送出版協会。
落合恵美子（1994）『21世紀家族へ』有斐閣。
木下武男（2016a）「『一億総貧困化社会』と同一労働同一賃金への道」『POSSE』30号。
――――（2016b）「同一労働同一賃金を実現するジョブ型世界」『POSSE』31号。
厚生省（1998）『平成10年版 厚生白書―少子社会を考える』株式会社ぎょうせい。
小林美希（2016）『夫に死んでほしい妻たち』朝日新書。
斎藤茂男（1982）『妻たちの思秋期』共同通信社。
酒井順子（2003）『負け犬の遠吠え』講談社。
ベティ・フリーダン（1965）『新しい女性の創造』（原題『女性の神話』）大和書房。
増田寛也・藻谷浩介他（2013）「壊死する地方都市」『中央公論』2013年12月号。
山下祐介（2012）『限界集落の真実』ちくま新書。

日本労働社会学会年報第28号〔2017年〕

女性の活躍・就業継続の課題と新たな動き

―銀行業における人事労務管理を事例に―

清山　玲
（茨城大学）

はじめに

(1)「成長戦略」と女性活躍・就業継続

2013年6月に発表されその後毎年改定されている「日本再興戦略」（以下、成長戦略と表記）、2016年4月施行の女性活躍推進法、2016年6月に公表された「ニッポン1億総活躍プラン」など女性の就業と継続就業を促進する政策が、近年矢継ぎ早に打ち出されている。

女性の能力活用・活躍を推進しダイバーシティ職場を実現するための政策は、最近では経済政策の観点で論じられることが多くなっている。

これらの政策では、**図1**および**図2**に示したように、いわゆる「男性稼ぎ主」社会から脱却し、①夫婦共働きや若者の正規雇用化による世帯所得の上昇を通して購買力を高め、②税や社会保険料を負担する力を国民のなかに蓄え福祉国家を維持できるようにすること、③購買力の上昇に加えてワーク・ライフ・バランスによる女性の能力活用を推進し、労働力を中長期的に確保し、産業の競争力ひいては国民経済の成長につなげていくことが期待されている。

このような政策の背景には、日本では、経済のグローバル化による国際競争の激化にともない労働規制を緩和してきた結果、1990年代以降雇用の質の劣化が著しいことがある。EUのようにパートタイムや有期労働者を差別して取り扱うことを禁止する規制がきわめて弱く均等待遇原則が確立していない日本では[(1)]、非正規雇用を中心にワーキングプアが急増した。賃金の伸び悩みに加えて、成果主義賃金など賃金にしめる査定分が拡大し、結果的に正社員の賃金も相対的に低い階層の構成比が高まった。厚生労働省の「国民生活基礎調査」によれば、高齢者

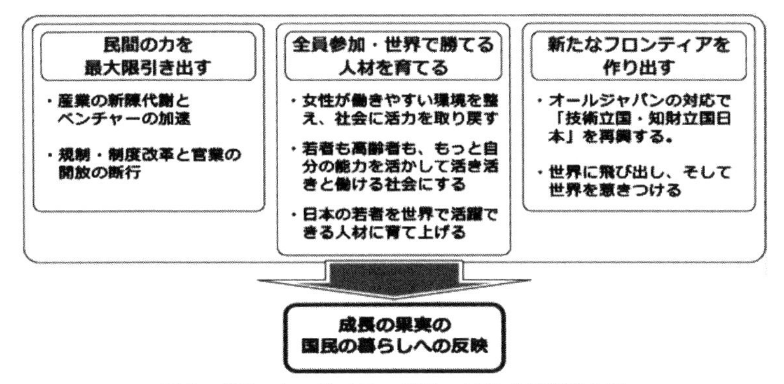

図1 「ワーク・ライフ・バランスは成長戦略の要」
出所：首相官邸ホームページ（2013）「アベノミクス成長戦略《成長への道筋》」。

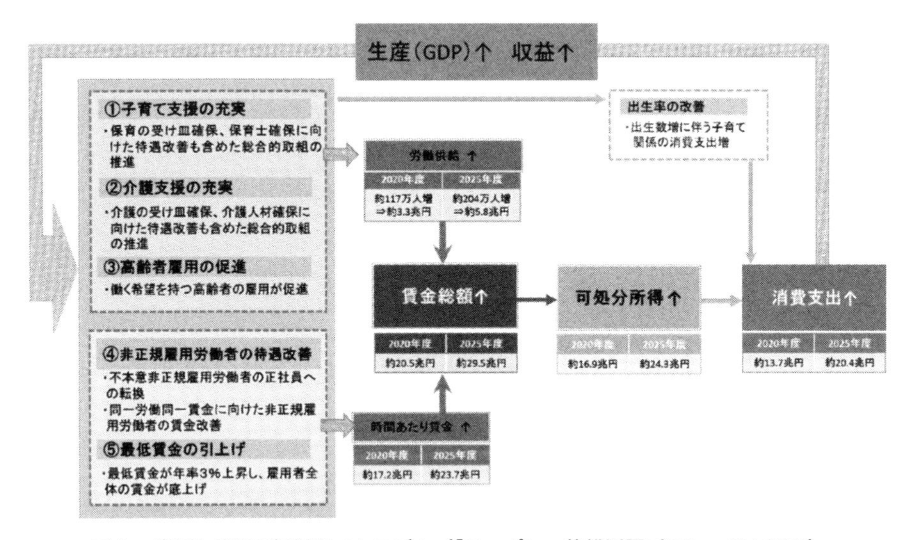

図2 成長と分配の好循環メカニズム（「ニッポン一億総活躍プラン」2016/6/2）
出所：一億総活躍国民会議（2016）「ニッポン一億総活躍プラン」6頁。

世帯も含めた1世帯あたりの世帯所得はピーク時の1994年から2015年まで約118万円も低下している。現役世代の児童のいる世帯に限っても、1996年ピーク時の781.6万円から同じく2015年までに約74万円も低下している。

こうした賃金や世帯所得の低下が少子化にマイナスの影響を及ぼすことはすでに多くの調査研究で指摘されている[(2)]。

人口減少下で質の高い労働力を十分に中長期的に確保することが困難な状況下においては、女性には、①単に労働参加率を高めるということだけでなく、②その能力を高め活かし活躍することがこれまで以上に強く求められる。③税や社会保険料の担い手として応分の負担をすることも期待される[(3)]。出産子育て介護という家族的責任を男性と分かち合い、仕事・家計・納税等の責任も男性と分かち合うことが求められているのである。

日本を持続可能な経済社会として再生し福祉国家として維持するためにも、女性たちが家族的責任を果たしながら就業を継続し職場で活躍できる社会を構築することが喫緊の重要課題になっている。将来にわたる産業競争力の保持や国民経済の発展につなげるためには、出産子育てと仕事の両立を容易にして就業継続率を高め、かつ女性も男性とどうように成長し、能力を発揮し、公正に評価・処遇され活躍できる政策・制度をつくることがいっそう重要になっている。

女性の能力活用・活躍を阻害する主要な原因を除去する改革が必要であるという点で、機会の均等を付与することで足りるとした均等法成立時の状況とは大きく様相が異なる。

(2) 女性活用でますます世界に立ち後れる日本

日本が女性の能力活用について世界的に大きく立後れてきたことは、すでに周知の通りである[(4)]。それだけでなく、近年、女性の活用を成長戦略の中に位置づけ、女性活躍支援に政策的に本腰をいれだしたかに見えるにもかかわらず、いまだに変革のスピードは世界的にみて不十分であることを強調したい。

2016年に世界経済フォーラムが発表したジェンダー・ギャップ指数ランキング[(5)]では、日本は総合順位で144ヵ国中111位、2015年の101位からさらに10位後退した。健康・教育・政治・経済の4分野のなかでとりわけ経済分野のジェンダー・ギャップは大きく、順位の下がり方も大きい。144ヵ国中118位と2015年の106位からさらに12位も後退している。

経済分野のジェンダー・ギャップランキングで日本が低く評価される主な理由

は、女性の専門職と技術職の割合が低く（101位）、管理職等幹部級職員の女性比率が低いこと（113位）や予想される所得における男女間格差が大きい（100位）ことである。

これらの男女間の格差を縮小するには、①結婚・出産・子育て期の女性の継続就業率の引き上げによる初職におけるキャリア継続を可能にすること、②女性の管理職・高度専門職・技術職等への登用による指導的立場に立つ女性の比率を引き上げること、③機会の均等だけでなく結果の平等につながる間接差別の禁止・均等待遇の実現が必要不可欠である。

人口減少期に入って、いまのままの状況では中長期的に質の良い労働力を十分に確保することがますます難しくなることは明らかである。仕事と結婚・出産・子育てという家族的責任の両立が難しく、女性の就業継続が困難であり、十分に活躍できないという問題が横たわっているからである。子どもを産みたくても産めない国、産み育てることに希望をもてない国のままでは日本に未来はない。どうように、女性に、仕事か、結婚・出産・子育て・介護という家族的責任かの二者択一の選択を迫る社会に未来はないというのが、いまや政策サイド、学会を含めた社会の共通認識となったと筆者は考える。日本労働社会学会が第28回全国大会のテーマ「人口減少下の労働社会」の報告に、女性の活躍・就業継続の問題を取り上げるよう構成されたのは時宜を得ている。

本論文の課題は、主に2つある。第1の課題は、均等法成立後30年を経てもなおジェンダー・ギャップの大きな職場の現実をふまえて女性の就業継続・活躍を実現するための課題を明らかにすることである。第2の課題は、女性の就業継続・活躍を推進するために有効な方策についてできる限り実践的な方法を示すことである。この課題に応えるため、銀行業の人事労務管理について取り上げ、評価すべき新しい制度や運用面の改善についての新しい動きを紹介し、女性の就業継続と活躍推進という視点から考察し評価したい。

若干結論を先取りすると、①均等法成立時の期待に反して多くの女性は就業を継続しキャリアを積むことができなかったこと。②ライフイベントが女性の働き方やキャリアに及ぼすマイナスの影響は著しく大きいが、仕事を理由とする離職が近年増えていること。③しかし、人口減少社会への転換、団塊の世代の大量退職、就職氷河期に採用を絞り込んだ世代が管理職になる世代になるという事態の同時進行が、いま、女性の就業継続支援・活躍推進の追い風になり、職場の人事労務管理は、制度面でも運用面でも従来に比べて実質的な改革が行われつつあることなどを明らかにする。具体的には、個人がライフイベント・ライフステージに対応して、転勤の有無や移動範囲、労働時間や労働時間帯など、働き方を選択し調整しても能力を発揮し活躍できる仕組みがでてきた。コース移動を双方向で認めるコース転換制度や、企業の枠を越えた地銀人材バンクなど、女性の就業継続・活躍を推進する新しい動きの中には将来の可能性も含めて高く評価できるものがある。

かつて均等法成立時に「保護か平等か」、「機会の平等か結果の平等か」という議論のなかで、女性保護規定を大きく縮小し、機会の平等を付与するという方向に向かった政策制度は、全体としては労働分野におけるジェンダー・ギャップの縮小というかたちでは結果の平等につながらなかった[(6)]。しかし、近年の政府の諸政策や企業の人事労務管理には、いくつもの問題や懸念材料を残しつつではあるが結果の平等につながる実質的な制度改革として評価できるものがでてきたといえる。

本論文は、岩田・大沢（2015）や大沢（2015）等の研究と問題意識を共有し、その研究成果をふまえた延長線上にある研究といえる。女性はなぜ辞めるのか、なぜ活躍できないのかという問題意識にたって、両立支援だけではなくキャリア形成上の問題に取り組む必要があるという研究成果[(7)]をふまえて、銀行業界の人事労務管理を事例に、どのようにして離職を防止し継続就業を促進し高度専門職・管理職として女性の活躍を推進するかという観点から、その制度と運用の実態を紹介し、評価・考察するものである。

2．日本女性の就業継続・活躍の現状と課題

本節では、主に以下の点を確認し明らかにする。第1に、女性の多くがいまなお結婚・出産・子育てというライフイベント時に離職していること。若年層でも非正規雇用が増え両立支援制度の適用が小さくライフイベントが就業継続に大きく影

響する雇用が増大している。第2に、管理職にしめる女性比率の伸びは均等法成立時の期待を大きく下回り、世界的なジェンダー・ギャップ縮小のスピードに追い付いていない。そのため、世界との差がますます拡大している。第3に、パートタイム労働法で差別が禁止されている国では、パート比率が高くとも管理職比率は日本よりはるかに高い国が存在することなどである。パートタイム比率が高いことは幹部級職員に女性が少ない理由とはならないことを明らかにしたい。

(1) 結婚・出産・子育て期の低い労働参加率

女性の出産子育て期の労働参加率の低さは、女性の年齢別労働力率が子育て出産期に低下するM字型カーブになっていることで説明されることが多かったが、最近は日本のそれも他の先進国のような高原型に近づいてきた。

しかし、未婚者と既婚者に分けてそれぞれの年齢別労働力率を描くと、全く異なるカーブを描くことは**図3**からも明らかである。既婚者の労働力率は出産子育

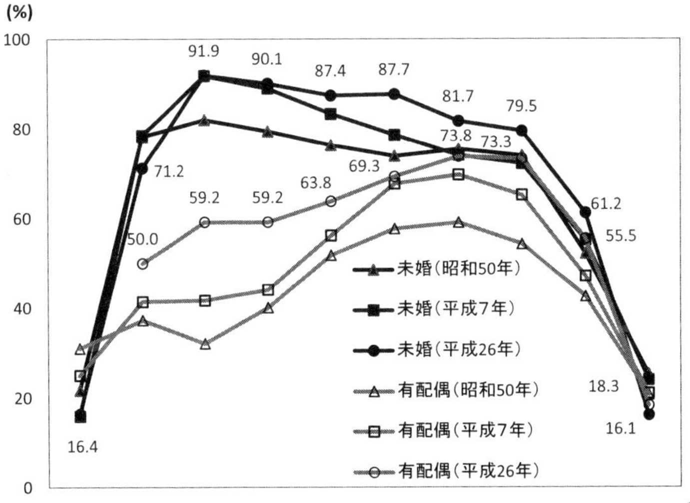

図3　未婚者および既婚者の女性の年齢別労働力率の推移（1975年-2014年）

注：1. 総務省「労働力調査（基本集計）」より作成。
2. 「労働力率」は15歳以上人口に占める労働力人口（就業者＋完全失業者）の割合。
3. 15～19歳有配偶（平成26年）の値は、該当する数値がないため、表示していない。

出所：内閣府（2015）「男女共同参画白書（平成27年版）」51頁。

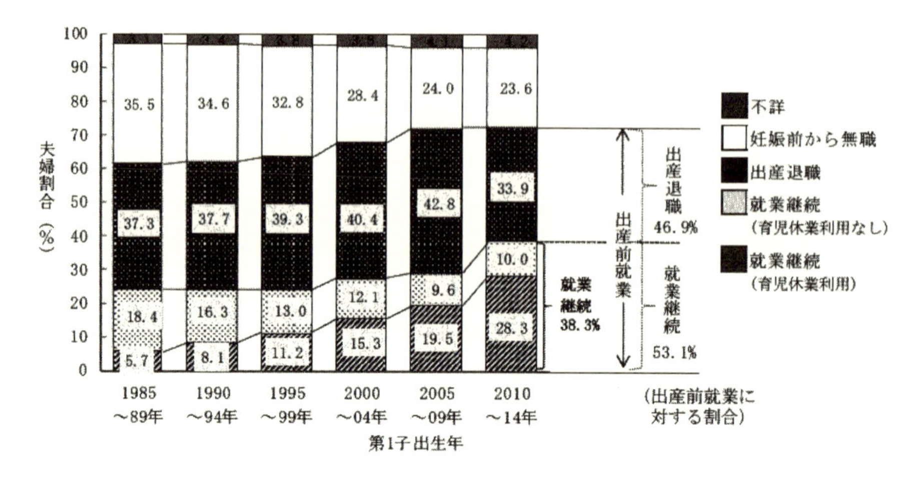

図4　第1子出産前後の妻の就業の変化

注：対象は第1子が1歳以上15歳未満の初婚どうしの夫婦。第12回～第15回調査の夫婦を合わせて集計した（客体数12,719）。「出産前就業に対する割合」は図表II-4-4参照。就業変化は、妻の妊娠判明時と子ども1歳時の従業上の地位の変化を見たもの。

出所：国立社会保障・人口問題研究所（2017）「現代日本の結婚と出産」52頁。

て期には未婚者よりも30%も低くなっている。また、「労働力調査」によれば、3歳未満児をもつ既婚女性の就業率と潜在的な就業希望者を加えてカウントした労働力率との乖離はいまなお大きい。図4に示した第1子出産前後の就業の変化に関する調査結果[(8)]からも、第1子出産後の継続就業率が上がってきたとはいえ2010年から2014年に出産した者でも38%と低い。

結婚・出産・子育てというライフイベントが就業継続やその後のキャリアにマイナスに影響しない社会をつくることはいまなお重要な課題である。

(2) 女性が就業継続できない理由と課題

既婚女性が継続就業できないのは、家族的責任と仕事の両立が難しいことが理由である。なぜ仕事と出産子育てを両立できないのかを考えるとき、職場サイドからの理由は主に2つある。第1は、本人および配偶者の職場の労働諸条件、とくに、長時間不規則労働と転勤が当然のこととして行われるワーク・ライフ・バランスに配慮しない人事労務管理や労働慣行が問題である。第2は、処遇の低さやキャリアに対する展望がもてない仕事に多くの女性たちが囲い込まれていることである。学校卒業時点での能力に違いは無くとも、就職後に男女の差は大きく開く。キャリアを継続することに意味を見出せない状況・職場環境（含む仕事の割り当てや能力育成）には大きな問題がある。

正規雇用の場合、コース制別雇用管理をとる職場では、女性の多くは賃金が低くキャリアの幅や伸びに大きな制限があるいわゆる一般職コースに囲い込まれている。厚生労働省の調査（2014年）によれば、相対的に賃金が高く上位の仕事に就ける総合職採用者の女性比率は22.2％にすぎず、その反対に処遇の低い一般職採用者の女性比率は82.1％と高い。採用面でのジェンダー・ギャップはいまなお非常に大きい。転勤可能性がワーク・ライフ・バランス上のリスクとなることから男性並み処遇のコースにチャレンジしにくいことも、その背景にある。

コース制の有無に関わらず、女性が男性に比べて昇格昇進で不利な取り扱いを受け機会を与えられないことによりキャリアに不満を持ちやすく、離職に傾きやすい。

したがって、課題は、①男女を問わず長時間労働や同意を前提としない頻繁な転勤などワーク・ライフ・バランスに配慮しない職場慣行を是正し、②キャリアの継続にその後の仕事や家計との関係で意義を見出せ、自分のキャリアを中長期的に展望できるキャリアパスをつくること、ということになる。

(3) 管理職等幹部級職員への登用の立後れとパートタイム雇用

均等法成立後、女性の職域は拡大し、正規雇用の男女間賃金格差は改善傾向にある。しかし、雇用の安定性や昇格可能性という点ではるかに劣る非正規雇用が女性労働者の過半をしめるようになった。

均等法後に女性の職域は拡大したが、管理職への女性の登用は当初の期待を大きく下回り、管理職女性比率の上昇スピードは非常に緩やかであった。いまなお、課長相当職以上の管理職の女性比率は12.5％と低い[(9)]。総合職女性の離職率は次節で詳述するが男性に比べて高く、継続就業者が少ない。たとえ継続就業していても昇進は遅く、管理職の女性比率は低くなっている。

日本では、パートタイムなど雇用管理区分が異なる仕事に就くものが多いから、

表１　女性のパート比率（週30時間未満）が日本と同水準かそれ以上の国の管理職女性比率（2014年）

（単位：％）

	女性就業者中のパート比率	管理職女性比率
日本	37.2	11.3
ドイツ	37.5	29.0
イギリス	38.1	35.3
オランダ	60.6	25.7

出所：OECD統計およびILO統計より筆者が作成。

そのことは合理的かつ当然であるという議論があるが、これが必ずしも妥当でないことは**表1**からも明らかである。EUなど有期雇用やパート労働者も含めた均等待遇を実現している国では、日本とどうように女性パート労働者が多くとも、管理職女性比率は日本を大きく上回っている。

管理職も含めたジョブシェアがあたりまえに行われる労働慣行など学ぶべき点は多い。

3. 銀行業における女性の就業継続・活躍推進のための新たな人事労務管理

人口減少社会の進行と経済のグローバル化にともなう企業間競争の激化があいまって、優秀な労働力の確保は、一段と難しくなってくるというのが産業界の一致した見方になっている。

そこで、銀行業界を事例にして、近年急速に進んできた女性の就業継続および活躍を推進する企業内の人事労務管理制度について、両立支援とキャリアアップ支援の2つの観点から紹介し、その意義と課題を明らかにする。次いで、配偶者の転勤や介護などの理由でやむをえず離職する女性たちを、貴重な高度専門職・指導的立場の管理職として業界内に留め置く産業界の新たな試みの好事例として、地銀人材バンクについて紹介する。

(1) 総合職女性の高い離職率と低い管理職女性比率

管理職や高度専門職として男性並みに活躍できる機会を付与されるいわゆる総合職コースの採用は、均等法成立時から「いつでもどこにでも転勤できること」

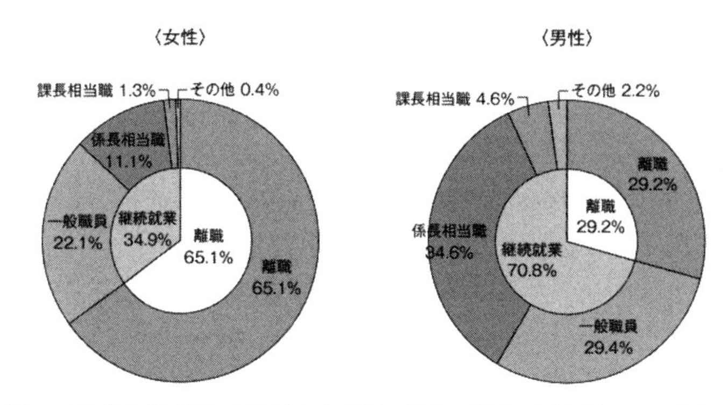

図5　10年前に総合職で採用された社員の現在の職位（男女別、2010年）
注：厚生労働省（2011）「コース別雇用管理制度の実施・指導状況」（平成22年度）より作成。
出所：内閣府「男女共同参画白書（平成25年版）」31頁。

を条件に採用されることが多く、これが採用の際の踏み絵とされていたことは均等法成立時から問題視されていた。**図5**からも明らかなように、その踏み絵を踏んで採用された総合職女性の離職率は、育児介護休業法成立等の追い風を受けても、男性総合職の離職率を大きく上回る。厚生労働省の調査によれば、均等法成立から15年を経た2001年4月に総合職に採用された女性たちの入社10年後の離職率は65.1%と非常に高く、男性の29.2%の2倍以上になっている。1995年4月入社の総合職女性の85.8%が20年後までに離職している。

銀行業界でも、都市銀行や政府系金融機関を問わず、総合職コースに義務づけられてきた頻繁かつ広域転勤の制度・慣行と当時の長時間労働慣行ゆえに、男性と同等の処遇で採用された均等法第1世代の総合職女性は、その多くが離職してきた。結婚・出産・子育てとの両立を著しく困難にする「いつでもどこでも、NOといえない」広域転勤や長時間労働慣行に加えて、個人だけでなく団体としてのノルマの存在とチームメンバーの賃金への反映によるプレッシャー、仕事の内容上のストレス、自己のキャリアに将来的な展望が見通せないことなどが重なって、総合職として採用された女性の多くが離職してきた。

その背景には、「保護か平等か」という均等法成立前後の論調に代表される均等法第1世代の総合職女性たちに対して、先進国の中でも著しく厳しい日本の男性の働き方が当たり前のものとして適用されたことがある。長時間労働や頻繁な転勤により、単身赴任による別居結婚や夫婦のいずれかが長時間通勤になることも少なくなかった。このことは配偶者である夫の家事育児参加をよりいっそう困難にし、両親などの親族によるサポートも得られにくくした。長時間保育だけでなく、早朝・夜間・休日の保育や病児保育体制も未整備ななかで、就業を継続することは非常に難しい状況にあった。

銀行業界で働く均等法第1世代の総合職女性たちの出産・子育て時に筆者が行った聞き取り調査(10)で得られた以下のような声からも、このことは容易に推察される。

初めての妊娠で流産した女性Aさんは、2度目の妊娠時に切迫流産で入院したとき、育児休業を半年前倒しで取得するという取り扱いにしてもらい、産後半年で育児休業から職場復帰した。「夫は単身赴任中で、子育てへの参加協力は無理」な状況にあった。本人も残業や出張があり保育園へのお迎えとその後の保育（含む夕食や入浴時のケア）などで母親による育児の協力を得ることが必要不可欠だったが、転勤したらその協力は得られなくなる。「いま転勤になったら、続けられない」、「やめなくちゃいけなくなる」と何度も繰り返すほど厳しい状況下にあってなお、会社に「転勤が嫌だとは口が裂けても言えない、男性は皆転勤している」と話した。

自分が遠隔地への転勤で単身赴任している最中に同じく切迫流産で入院した別の女性Bさんは、「無事に出産できるかわからなかった。たとえ出産できたとしても夫も親も遠く(11)に住んでおり、自分も初めての赴任地で一人での子育てするのは難しい」と不安を感じていた。同業で働く夫の転勤や残業も考慮すると、「働き続けるのはとても無理。退職は仕方がなかった」と話した。

このような状況下でコース別雇用管理制度導入後の総合職採用者の離職率が高かったことが、現在の女性の管理職割合の低さにつながっている。

筆者が聞き取り調査を実施し貴重な資料やデータを入手できたある地方銀行A行（以下、地銀A行と表記）は、両立支援企業やくるみん認定企業として表彰され、えるぼし認定（認定段階3）もいち早く取得し、地域では先進的な女性活躍・両立支援企業のロールモデルと位置づけられているが、均等法第1世代の総合職採用開始後初期の離職率はきわめて高く、継続就業者は非常に少なかった。

表２　地銀Ａ行の総合職採用開始初期の採用と離職

（単位：人、括弧内は％）

	1988年	1989年	1990年	1991年	1992年	1993年	計
採用者数	2	3	4	16	9	9	43（100）
離職者数	1	2	4	14	6	9	36（ 84）

注：離職者数の数値は2015年頃のものである。
出所：地銀A行聞き取り調査を基に筆者作成。

表2に示したように、1988年に総合職採用を開始しその後の6年間で総合職として計43名を採用したが、その離職率は84％に達している。88年から93年までの6年間の採用者のうち現在まで継続就業している者はわずかに7人である。90年と93年の女性総合職採用者は全員離職し継続就業した者はいない。加えて、その後のいわゆる就職氷河期時代には、女性の総合職採用がないか、あっても1、2名程度にとどまり、総合職採用にしめる女性の比率そのものがきわめて小さかった。

その結果として、管理職の女性比率は低い。均等法成立から30年を経過してもなお、課長相当職以上の管理職になれるように女性を社内で育てていなかったのである。

地銀A行の2017年3月の課長相当職以上の女性の割合は8.4％、係長相当職に広げても19.4％である。労働局に届け出た「一般事業主行動計画」（2016年4月1日〜2020年3月31日）[(12)]のなかの目標として、女性管理職（支店長代理以上）の割合を10％以上、係長以上の割合を20％以上にすることが記載されている。政府の掲げる3年後の2020年までに「社会のあらゆる分野の指導的立場の女性を30％に」という目標[(13)]を達成できる目途はまだたっていない。同じく政府目標とい

表３　地銀Ａ行の女性管理職の割合と政府目標の乖離

	2017年	2020年までの数値目標	第4次男女共同参画基本計画の目標値（2020年まで）	第3次男女共同参画基本計画の目標値（2020年まで）
課長職相当以上	8.4	10	15	30
係長職相当以上	19.4	20	25	-

出所：地銀A行内部資料および「一般事業主行動計画」、内閣府「第3次男女共同参画基本計画」、「第4次男女共同参画基本計画」により筆者作成。

える「第4次男女共同参画計画」の民間企業の係長相当職25%、課長相当職15%という水準の達成すらも容易ではない。

このような状況は別に地銀A行に限ったことではない。えるぼし認定（認定段階3）をもつ女性活躍を推進している地方銀行B行でも、2016年7月時点の管理職の女性比率は9%にとどまる。近年、急速に女性活躍を推進している政府系金融機関C庫でも、かつては都市銀行どうように総合職コースでは全国広域配置転換が当然視され、結果的に均等法成立後一定期間に採用された総合職女性のほとんどが離職してしまっている[(14)]。そのため、課長相当職以上の女性比率を2020年までに30%以上に引き上げるという政府の数値目標を達成することは現実的には難しいというのが、人事の採用担当者、ダイバーシティ担当、現場の支店長などの聞き取り調査からも明らかであった。

(2) 女性活躍支援の本格化にともなう人事労務管理の変化

しかし、女性活躍推進法の審議が本格化し数値目標を含む行動計画の義務付けが議論され始めた2014年頃から、各行は女性の活躍支援を急加速している。役員を含む人事部所属の各階層役付き職員や社内で働く一般従業員に対して筆者が行った聞き取り調査や入手した各種資料等からも、女性の能力育成と活用を中長期的観点で考え、指導的立場の管理職や専門職としての活用を積極的に推進する方向へ姿勢が変化したことは明らかである。離職防止のために離職者調査を実施し、両立支援のための管理職研修を実施するようになった。

離職防止と活躍支援策の整備充実に企業が本腰を入れだした背景には、①現役世代の人口減少傾向が現実の社会問題としてたちあらわれ、②団塊の世代が65歳になり大量退職したこと、③就職氷河期に採用を絞ったために管理職になりうる総合職男性が過少になっていることなどが重なって、④新規学卒採用に対する求人が増加し優秀なヒトの確保が難しくなってきたことがある。

2014年11月には地銀64行のトップで構成された「働く女性の活躍を加速する地銀頭取の会」が行動宣言を公表し、各行の一般事業主行動計画等で、女性の継続就業率の引き上げ（平均勤続年数の向上）や管理職の女性比率の引き上げを目標として掲げ、各種施策を実施している。

企業内における新たな女性活躍のためには、キャリア形成支援とワーク・ライフ・バランス支援はともに必要である。

銀行業界では、いわゆるワーク・ライフ・バランスのための両立支援策はすでにある程度充実した制度が整備されていたが、運用面では課題があった。制度の周知徹底と管理職の両立支援サポート機能を強化し、制度の利活用を促進した。これにより、制度はあるが、「よく知らない」あるいは「使いにくい」という状況を改善することができるようになった。

たとえば、地銀A行では、PCで個別にアクセスして各自で入手していたワーク・ライフ・バランス関連情報（規則や申請書等）をとるのではなく、両立支援のための諸制度をマニュアル化し1冊にまとめ各職場に1冊常置するようにした。新規採用者向け研修やワーク・ライフ・バランス研修時などに、冊子媒体で1冊ずつ配布して制度の周知の利用促進をおこなっている。地銀A行が配布した「知っていますか？多様なライフスタイルを応援！ワークライフバランス支援制度」というA4のチラシは一目で関連制度が誰でも分かるように作成され、管理職にとっても働く者にとっても非常に便利にできている。また、支援制度の詳しい内容や手続き詳細を1冊にまとめた「ワークライフサポートハンドブック」を作成して全店に備え付け、情報の入手を気楽に誰でも行えるようになった。

このような充実した両立支援制度の周知と利用の呼びかけ、上司による両立支援へのサポートは、ライフイベントによる離職を防ぐ効果が大きい。

育児休暇や短時間勤務制度等はすでによく知られているのでここでは詳細は省略するが、最大3年を上限とする配偶者転勤休職制度や、要介護親族一人につき12日、最大24日付与される介護休暇制度や余命宣告を受けた家族と過ごす時間を確保するために最長6ヶ月休職できる制度などは、やむをえず離職することを防ぐのに非常に効果的だと筆者は考える。配偶者の転勤や介護による離職は少なくない。離職防止だけではなく、配偶者の海外転勤に同行しそこで学んだことを職場に復帰して活かすことも可能になる。生活上差し迫って困ったときに、道を切り拓く制度といえよう。

また、育児休業から復帰した者に対して支給される子育て支援手当（1人目の子どもの場合には10万円、同じく2人目には20万円、3人目には100万円）を数回に分けて支給するという制度は、育休の取得と復帰を促進する。男性にとっては育休取得へのインセンティヴとして作用し、女性にとっては3人目の出産や育休取得の際に周囲に対して迷惑をかけて後ろめたく感じるのを軽減し、復帰を促進する作用が大きい。地銀A行では、一般事業主の行動計画のなかで男性行員の育休取得率80%以上を第1目標に掲げているが、計画を開始した2016年4月から1年3ヶ月の間の男性の育休取得率は100%を達成しているが、同制度の効果もあると評価できる。しかし、同行だけに限ったことではないが、男性全員の育休期間が子育て支援手当の支給条件である5日というのは、あまりに短く、子育てに関するジェンダー・ギャップが大きいといわざるをえない。次期行動計画では、男性の育児休業の取得目標を、少し支給額や条件を変えて、せめて1ヶ月以上にすることを提案したい。

課題が残るとはいえ、地銀A行のさまざまな、そして細やかに配慮されたワーク・ライフ・バランス諸制度は、人事部が離職者から離職理由を丁寧に聞き取り、離職しなくてすむ制度をひとつひとつ作り上げたものである。 利用しやすくするために工夫し、職場に丁寧に働きかけて、生きた制度になったことを強調したい。

(3) 女性活躍・就業継続支援策として活用されるコース転換制度

一般的に、銀行業界では、コース別雇用管理制度が導入されているが、地方銀行の場合、①いつでもどこにでも転勤しうる総合職コース、通勤時間が長くなるか転居を伴うにしても一定の範囲内に収まるエリア限定の特定総合職コースの2コース制、②総合職コースと自宅から通勤可能でほとんど昇格昇進できず賃金も上がらない一般職の2コース制か、③総合職コース、特定総合職コース、一般職コースの3コース制のいずれかの制度をとることが多い。

総合職コースの場合、店舗等勤務先の異動が2、3年に一度と頻繁にあり、転居をともなう遠隔地であっても基本的にNOとは言うことができない。もっともワーク・ライフ・バランスしにくい働き方を求められるコースである。出産・育児期にある程度の配慮がなされなければ、女性の就業継続は難しい。

しかし、近年は、総合職コースの離職を防止し、社内から優秀な即戦力であるヒトの流出を防ぎ継続就業によるキャリアの発展可能性を高めるコース転換制度やワーク・ライフ・バランスに配慮した配置転換制度が整備され活用されてきている。

ここでは、離職防止とキャリア形成の観点から、3コース制をとる地銀A行の事例を中心に紹介・考察したい。

同行は、かつては厳格な2コース制を採用していたが、1998年7月に特定総合を加えた3コース制にシフトする。この3コース制の導入は、当初、コースの上位転換によるキャリア・チャレンジというよりもむしろ、子育てなどのライフイベントに対応して総合職から特定総合職にキャリアチェンジする(15)という利活用がなされた。

総合職から特定総合職へのコースダウンは、一見すると男女の処遇格差の固定化に見えやすいが、転勤の事前同意制の導入により総合職採用の女性たちの就業継続を可能にし、その後の管理職登用につなげる道筋をつくったと評価したい。1993年入行までの総合職女性たちがほとんど離職していたのに対して、1994年入行の女性の総合職は4人(16)のうち、3人が就業を継続しているが、2名は特定総合職へのコース転換利用者である。継続就業者3名の内訳は、総合職のまま就業を継続している者が1名、特定総合職に転換しその後総合職に再転換した者1名、総合職から特定総合職に転換した者が1名である。総合職コースで一貫した継続就業者は管理職に、特定総合から総合職に再転換した者も役付きになっている。

特定総合職と総合職では、キャリアアップのスピードに一定の違いはあるが、その違いは、遠隔地で昇進可能なポストが空いたときにそのポストを受けられるか否かから生じる。特定総合職の場合、格の高い大きな支店の支店長にはなれないが、課長のいない規模の支店長職にはなれるし、実際に配属されている。

総合職と特定総合職の2コース制をとる地銀B行が、2016年7月時点で9%にすぎない女性の管理職の比率を2020年までに20%にするという目標に向かってあきらめずに頑張っている(17)のは、一般職コースをもたないがゆえに、目標達成の可能性があるからである。数値目標の達成は、今後上位の空きポストをどのようにうめていくかにかかっている。同行では特定総合職の女性が全体の4割をしめる。彼女たちに将来のキャリアに期待を抱かせることにより、モチベーションをアップさせ能力育成効果を高める。これによる生産性の向上は、組織にとってもプラスに働く。

現在、いわゆる就職氷河期時代に採用数を大きく減らした世代が管理職に就く年代になってきたこともあって、優秀なヒトの確保が最重要課題になっている。女性のためというより、即戦力を手放す人的な余裕が社内、業界内になくなっていることも女性活躍の追い風になっている。

この3コース制はエリア限定総合職コースで優秀な女子学生を獲得し総合職男性よりは低い賃金で活用する制度として導入された。地銀A行では、しばらくの間は一般職コースから特定総合職コースへ、特定総合職コースから総合職コースへの早期のコース転換によるキャリア・チャレンジの道は非常に狭く、安定して機能していたとはいえない状況であった。

地域の優秀な女子学生たちは、一般職としてキャリアの幅も狭く機会も与えられず中長期的にキャリアを展望できないかたちで当たり前に働かされていた。これにより、企業は生産性のさらなる向上の可能性を失い、女性は自分のキャリアに失望し仕事へのモチベーションを失うか離職に傾く。このことは、地銀A行の女性行員に対する離職者調査からも指摘できる。

地銀A行の女性離職者調査によれば、2006年から2012年入行者までの離職率が総合職の場合には大体20%前後で動いているのに対して、一般職の離職率が50～60%とかなり高くなっている。結婚出産を離職理由とする者は両立支援制度の充実を背景に減少基調であり、2013年度の50%から2016年度の35%まで低下した。それに代わって増えてきた離職理由が転職である。転職を理由とする離職者は同時期に15人（17%）から29人（36%）にまで数も構成比もともにほぼ倍増している。

この調査結果もふまえて、地銀A行では、上位コースへの転換を促進した。2016年度と2017年度に2年連続して30歳未満の女性一般職を総合職・特定総合職へと45名ずつ、2年間で計70名ほど転換した。また、30歳以上45歳以下の年齢層でも、一般職から特定総合、特定総合から総合職への上位転換を進めた。

一般職のコース転換推進やキャリア形成支援研修の拡充は同行の行動計画にも明記されている。

入行後30歳くらいまでの早い段階でキャリア・チャレンジを図ることにより、本人の仕事へのモチベーションを高め自分の将来のキャリア形成に期待を抱かせることにより、キャリアを理由とした離職を防ぐことにつながる。これは、本人にとっての幸せを意味するだけでなく、組織にとっても①即戦力である労働力の流出による新たな採用のための追加コストの発生を抑制し、②目に見えず把握してこなかった意欲や能力の停滞・低減による生産性の低下を防ぎ、③意欲や能力を引き上げることによる生産性の向上がもたらされるという点で大いにメリットがある。

企業間での優秀なヒトの採用をめぐる競争が激化する人口減少の影響が大きくでる過渡期には、とくに人材の流出を防ぎ、現有従業員をより大切に活かすということが従来以上に求められる。かつてのように、特定総合職を総合職に比べて2割から3割安い賃金で昇格昇進差別の道具として利用する制度では、ワーク・ライフ・バランスを可能にしても、目に見えない意欲や生産性の低下が生じることになる。

地銀A行の特定総合職コースの場合、職能資格の昇格面では総合職と同等であり、同一等級における賃金面での格差はおよそ10%程度に設計されている。仕事給の部分は、実際に担当している業務が同じであれば差は無くまったく同じに設計されている。

この程度の賃金格差にとどまり、3年毎に選択できる双方向のコース転換制度は、格差の固定化を防ぎ、転勤というもっともワーク・ライフ・バランスしにくい日本の人事労務管理制度を是正するものと評価したい。この双方向転換を定着させることで、総合職コースのこれまでの頻繁な広域転勤のあり方を見直すことにつなげたい。

個人と組織双方にとっての無駄な追加コストの発生を防ぎ、無益なストレスの増大による意欲や生産性の低下を防ぐ取り組みこそ、いま求められる働き方改革といえる。無限定な働き方に対する制限を強めなければ、共働きを前提とする持続可能な福祉国家はつくれないと筆者は考える。

(4) 地銀人材バンク──企業の枠を超えて労働力を確保する試み

地方銀行64行の頭取が参加する「輝く女性の活躍を加速する地銀頭取の会」により2015年4月1日に創設された地銀人材バンクは、会員各行の職員が結婚・配偶者の転勤・家族の介護を理由として転居するためにやむをえず退職する場合に、転居先の会員行に紹介する制度である[(18)]。同制度ができた背景には、女性活躍推進法の成立があるが、ベースには、会員各行が即戦力の高度専門職を必要としているがその確保が難しいことがある。

地銀人材バンクの試みは、地銀64行の全国ネットワーク力を活かして、①男女を問わず職員のキャリアの継続と、②即戦力の確保を実現する、労使双方にとってメリットのある取り組みとして高く評価できる。

最近では両立支援制度が充実してきたこともあって、結婚を理由とした退職が減っていることはすでに明らかにしたとおりである。しかし、たとえどれほど充実した両立支援制度があったとしても、結婚や配偶者の転勤・介護等の事情により支店のない遠隔地に転居せざるをえない場合には、いまなお女性の多くが離職している。その離職リスクは、賃金の多寡などの経済的な要因や社会慣行上の要因から男性に比べて女性の方が高い。

その意味で、地銀人材バンクは、継続就業を実現し、女性の活躍を支援する企業の枠を超えた新しい人事労務管理制度といえる。

2015年4月1日から2017年3月31日までの同制度の利用者は計139名であった。照会中の15件を除く124件のうち成約したのは100件。そのうち、69件が正規の行員から行員への転職であり、18件がパート、13件が嘱託等での採用であった。同制度は女性だけでなく男性に対しても門戸を開いているが、「残念ながら男性の利用者は未だない」[(19)]とのことであった。

なお、同制度を利用して5人を受け入れた会員行への聞き取りでは、即戦力を確保できたことを高く評価している。銀行間で制度や様式、慣行が多少違っているところはあっても、基本的な業務は同じである。仕事に適応しなじむのも早いとのことである。

おわりに

本稿では、両立支援制度の充実と運用の実質化が図られ、同時に女性の中長期的キャリア形成への配慮がなされるようになってきたことを明らかにしてきた。

最後に、女性が就業を継続し活躍するためには、キャリアデザイン力、ライフデザイン力を身につけることが重要である。

福祉国家を維持するためには女性も働くことが当然であり応分の負担をすることが求められる点を男女ともに理解し、継続就業することで拓けるキャリアと生活の未来を具体的に見える化することが、女性の就業継続と活躍を進める上で効果的である。身近なロールモデルを人生の早い段階から示し、共働きのノウハウを伝授すること、ライフステージに応じた優先順位の付け方、お金と時間の使い方など実践的な教育を施し、中長期的視点にたって自分のキャリアと生活をデザインし生き抜く力をつけられるようにすることが大切である。

〔注〕

(1) 清山玲（2005）「間接差別の禁止と均等待遇政策の課題」女性労働研究47を参照。

(2) 理想の子どもの数だけ子どもを持たない理由の第1位は、教育費など子育て費用の負担であり、他の理由を大きく引き離している。国立社会保障・人口問題研究所（2017）「現代日本の結婚と出産」を参照。

(3) たとえば非正規雇用へ社会保険の適用が少し拡大された影響として、主に中小企業労働者が加入している協会けんぽでは加入者が増大し、結果的に保険料の収支バランスが改善した。

(4) 大沢真知子（2015）『女性はなぜ活躍できないのか』東洋経済を参照。

(5) World Economic Forum (2016) "The Global Gender Gap Report 2016"

(6) 均等法成立以後長きにわたって、政策も職場の人事労務管理も機会の平等、それも形式的な平等に偏り、結果の平等につながってこなかったことは、筆者も含めて多くの研究者が明らかにしてきたところである。清山 玲（2004）「ジェンダー平等政策の展開と雇用における『結果の平等』──ジェンダー平等政策は『結果の平等』を実現しているか」大原社会問題研究所雑誌 (547), 1-16を参照。

(7) 大沢真知子（2015）『女性はなぜ活躍できないか』東洋経済新報社、第1章、大沢真知子・盧回男（2015）「M字就労はなぜ形成されるのか」岩田正美・大沢真知子編著（2015）『なぜ女性は仕事を辞めるのか』青弓社、杉浦浩美（2015）「就労意欲と断続するキャリア」岩田正美・大沢真知子編著（2015）前掲書を参照。

(8)　国立社会保障・人口問題研究所（2017）前掲書、52頁。
(9)　内閣府（2016）「男女共同参画白書（平成28年版）」46頁。
(10)　この聞き取り調査は実施したのは、1990年代後半から2000年代初頭である。
(11)　本人は転勤により北陸地方へ単身赴任していた。夫は東京勤務。実家も東京にあり、初めての一人暮らしに、初めての妊娠と切迫流産を経験し、強い緊張を強いられる状況にあったことが言葉の端々からうかがえた。
(12)　地銀A行ニュースリリース、2016年3月30日。
(13)　2020年までに社会のあらゆる分野において指導的立場の女性を30%にするという目標は、2003年の6月20日に男女共同参画推進本部が決定し示された。2010年12月17日に閣議決定された「第3次男女共同参画計画」のなかでも掲げられている。これを受けて「日本再興戦略2014」（2014年6月）に「女性の活躍に向けた新たな法的枠組みの構築」が盛り込まれ、その後労働政策審議会雇用均等部会で女性活躍推進法の議論が開始され、同法が2015年8月に成立した。なお、指導的立場の女性というのは民間企業の場合課長相当職以上のものを意味する。
(14)　この政府系金融機関では、女性の継続就業率を引き上げ管理職の女性比率を引き上げるためにこれまでの人事労務管理制度および労働慣行を見直し、ワーク・ライフ・バランス促進的な職場へと改革を近年急ピッチで進めている。しかしその制度設計等改革を中心的に担う担当者は一般職採用者である。結婚出産を経験した均等法第1世代、第2世代総合職女性はほとんど全員離職しており、両立支援制度をつくる適任の総合職女性がいないとのことである。
(15)　毎年5名前後の利用者がいるが、女性の利用者は1名程度とのことである。総合職の数は圧倒的に男性が多く、地元出身の長男が家族的な事情により利用しているとのことであった。
(16)　なお、1994年4月の総合職採用は100名程度であり、女性の総合職はわずかに4人。従業員の半数以上をしめるほとんどの女性が一般職である。コース間の昇進機会の格差を考慮すると、均等法による機会の平等が実質化してこなかったことは明らかである。
(17)　地銀人材バンクを創設した「輝く女性の活躍を加速する地銀頭取の会」の会長（千葉銀行頭取）は、内閣府が組織化した「輝く女性の活躍を推進する男性リーダーの会」のメンバーでもある。
(18)　地銀人材バンクの利用状況をとりまとめている千葉銀行ダイバーシティ担当者。

〔参考文献〕

岩田正美・大沢真知子編著（2015）『なぜ女性は仕事を辞めるのか』青弓社。
大沢真知子（2015）『女性はなぜ活躍できないか』東洋経済新報社。
輝く女性の活躍を加速する地銀頭取の会事務局（2015）「『輝く女性の活躍を加速する地銀頭取の会』地銀人材バンクの創設について」。
輝く女性の活躍を加速する地銀頭取の会（2016）「行動宣言」。
厚生労働省（2011、2015）「コース別雇用管理制度の実施・指導状況」。

駒川智子（2015）「金融業の業態別にみる女性活躍推進の取り組み」現代女性とキャリア第7号。
杉浦浩美（2015）「就労意欲と断続するキャリア」岩田正美・大沢真知子編著『なぜ女性は仕事を辞めるのか』青弓社。
清山玲（2004）「ジェンダー平等政策の展開と雇用における『結果の平等』：ジェンダー平等政策は『結果の平等』を実現しているか」大原社会問題研究所雑誌 (547), 1-16。
清山玲（2005）「間接差別の禁止と均等待遇政策の課題」女性労働研究47。
渡辺峻（1995）『コース別雇用管理と女性労働―男女共同参画社会をめざして』中央経済社。
World Economic Forum（2016）"The Global Gender Gap Report 2016".

日本労働社会学会年報第28号〔2017年〕

人口減少下における高年齢従業員の雇用と就業

高木　朋代
(敬愛大学)

はじめに

高年齢者の雇用問題に関しては、これまで多くの議論がなされてきた。例えば、労働力人口減少への対処として、更なる高年齢者雇用が社会的に必要だとする議論や、団塊世代の大量退職によって、職場から知識や技能が失われるとする2007年・2012年問題がその代表である。また、雇用継続後の賃金や就業意欲の低下問題も、度々課題として取り上げられてきた。

それと同時に、60歳を超えて、あるいは65歳を超えても働き続けることができる社会の実現に向けて、法改正を重ねながら、雇用・就業環境の整備が進められてきた。しかしながら、60歳前半層の雇用確保措置を義務づける2004年改正高年齢者雇用安定法施行後、十余年が経つ現在においても、多くの企業は定年を据え置き、再雇用によって高年齢者雇用を行っているのが現状である。2012年改正高年齢者雇用安定法により、希望者全員を段階的に65歳まで雇用することが定められたが、多くの企業が再雇用によって対応することを選び、定年延長を回避している事実を鑑みれば、たとえ人口減少下にあっても、継続就業を希望する高年齢従業員の全てが働き続けることができるとは限らない。雇用機会は相変わらず限られていると考えねばならないだろう。

2016年4月からは、報酬比例部分の年金支給開始年齢が62歳となっており、これを受けて、現行の希望者全員雇用の義務化を継続すべきか、それとも定年延長とすべきか、という議論が再び活発化している。政府としては、国家公務員の定年延長を手始めに、65歳定年制に向けた法整備のタイミングを見ているであろう。また既に、65歳以降の雇用促進策も検討されている。しかし雇用促進の行き過ぎた圧力は、後述するように、負の副作用を企業社会にもたらす可能性がある。

それではどうすれば、60歳以降の雇用は円滑かつ順当に拡大していくのだろうか。本稿ではまず、高年齢者雇用の現状を見据えることで浮かび上がる、真の問題について述べ、その上で、高年齢層の諸力を汲み取り、雇用・就業を実現していくための道筋を、企業の人事管理という観点から論じていく。

1．高年齢者雇用問題に関するこれまでの議論と真の問題

(1) 人口減少下であっても、高年齢者雇用が進むわけではない

高年齢者雇用問題に関する一般論のひとつは、労働力人口減少への対処として、高年齢者雇用が社会的に必要であるという議論である。確かに、産業や業種によっては人材の獲得合戦が始まっている。しかし企業が獲得しようとしているのは、高年齢層ではない場合が多い。

「高年齢者・障害者の雇用と人事管理に関する調査」(2014) でわかったことは、若年齢従業員の不足を訴える企業は49.4%に達するものの、高年齢従業員の不足については僅かに6.3%、逆に29.3%が過剰と考えているということである。また高年齢者の中途採用に関しては、募集はしたものの採用を取りやめる企業も多く、68.8%の企業が、希望する職務能力を満たしていないことを理由に挙げている。[(1)] つまり現状では、今も高年齢従業員の過多や能力のミスマッチが問題視されており、高年齢層の雇用環境が厳しいことに変わりはないと考えられる。

(2) 2007年・2012年問題はほぼ起きなかった

団塊世代の大量退職で、職場から知識・技能が失われないよう技能継承が必要であるとする議論があり、これは2007年問題、2012年問題として一時期マスコミ等を通じて大きく取り上げられた。[(2)]

しかし、知識・技能を持った人々が辞めていき、企業活動に悪影響が及ぶという状況は、引退をひきとめようとしても断られ、結果として技能が抜け落ちてしまう場合を想定すべきであろう。だが冷静にみれば、日本の産業界ではそのような事態は起こらないと考えられる。なぜならば企業は、必要人材に関しては制度

がどうであれ、戦略人事としてこれまでにも組織内に留めてさせてきたからだ。実際に、2007年・2012年問題は、結果的にはほぼ起きなかった。[3]

(3) 雇用継続後の就業条件の低下は不条理とは言い切れない

また例え60歳以降の雇用が実現されても、賃金の低下など就業条件が問題視されることがあり、そのことが就業意欲の低下を招いている、という議論がある。しかし定年で一旦退職の手続きをとり、新たな契約を結び直す再雇用の下では、働き方が変わり賃金が下がることは、普通のこととも捉えられる。

前出2014年調査では、60歳定年以降の平均的な働き方として次のことが示されている（**図1**）。まず、多くの人がフルタイム勤務のまま、これまでと同じ職場か同じ会社で働くことを望み、4人中3人が現にそうなっている。また、これまでと同じ仕事か少しだけ異なる仕事に就く人が8割弱で、全く異なる仕事に従事することは稀であり、こうした働き方も本人の要望とほぼ一致している。一方、仕事に関する責任や役割は、多くの場合、60歳を境に軽減あるいは退職が近づくにつれて軽減され、60歳前と同じ役割や責任を負わせられる場合は20%にも満たず、嘱託・契約社員への転換は7割近くに達している。

このような高年齢期の働き方の実情を見るならば、その結果として、収入が60歳前の7割前後になるということは、むしろ妥当という見方もできるだろう。

(4) 真の問題は何か ──定年後の再雇用が多勢を占めている現実

それでは、何が高年齢者雇用における真の問題なのだろうか。2013年4月から改正高年齢者雇用安定法が施行され、企業は事実上、希望者全員を段階的に65歳まで雇用することを義務づけられるようになった。そのため総人件費の増加など、企業は大きな負担を強いられることが懸念されている。

そもそも、①定年制の廃止、②定年の引き上げ、③継続雇用制度の導入のいずれかによって、段階的に65歳までの雇用確保措置を講じることを企業に義務づけたのは、2004年改正高年齢者雇用安定法であった。その時から10年以上を経た現在、直近のデータである2016年厚生労働省「高年齢者の雇用状況」調査によると、定年制を廃止している企業は、301人以上企業で0.5%、定年の引き上

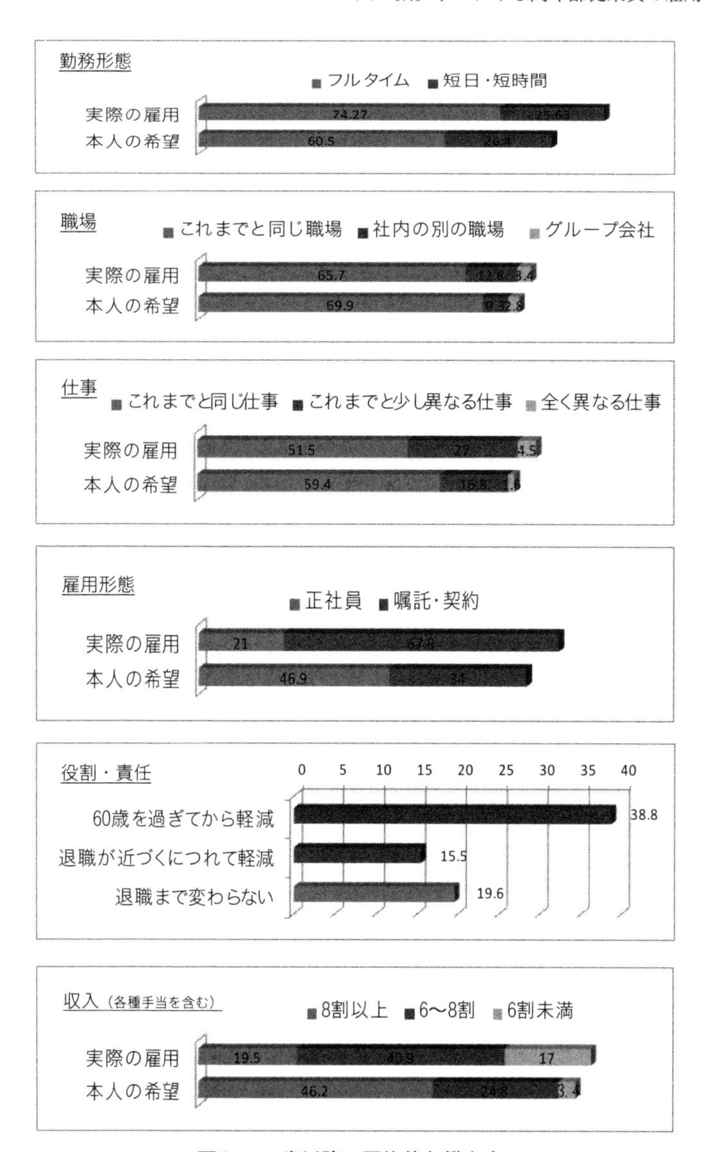

図1　60歳以降の平均的な働き方

データ出所：「高年齢者・障害者の雇用と人事管理に関する調査」(2014)。

注：本調査は「最先端・次世代研究開発支援プログラム」研究事業の一環として行われた、50人以上規模の日本企業を対象とするサーベイ調査。

げは8.2%で、残りの91.3%が依然として定年を据え置いて継続雇用制度を採用していることが示されている[(4)]。つまり、大半の企業にとっては、未だ全員の雇用延長は困難なのであり、60歳定年を維持しながら、再雇用によって高年齢者雇用を進めることで精一杯であると見なさねばならない。まずこのような実情を知ることが大切であろう。

2. 雇用と不雇用の分岐点

(1) 希望者全員雇用を謳う法の下でも、雇用される人とされない人が出てくる

しかしながら一方で、周知のように、日本の高年齢者の就業意欲が極めて高いことは有名である。労働力率を見ても、日本は他国に比して高い数値を保っている。しかしデータを詳細に見ていくと、別の側面が浮かび上がる。

前々回の改正高年齢者雇用安定法が施行されて、雇用確保措置が企業にある程度浸透した2010年時点を見てみよう。この時、OECD労働統計では、60〜64歳日本男性の労働力率は76.0%となっている。アメリカ60.0%、イギリス57.9%、ドイツ53.7%、フランス20.2%と比べると随分高い数値といえる。しかし2010年総務省「労働力調査」を詳細に見てみると、60〜64歳男性における常勤雇用労働者は、短時間勤務者を含めても僅かに45.9%でしかなく、55〜59歳が69.9%であることと比較すると、60歳前後で24%も下がっていることがわかる。つまり、就業意欲を持つ全ての人が、就業を実現できているわけではないことが容易に推察できる。

したがって、企業が60歳以上の一律雇用延長は困難としている現状において、たとえ法が希望者全員雇用を義務付けようとも、実際には雇用される人とされない人の選別が、明示的あるいは暗示的に行われていくと考えねばならない。このことこそが、高年齢者雇用における今日的な重要課題といえるだろう。

こうした実情の下で、働く個人として大切なことは、60歳を超えて働き続けたいと思った場合に、自分の希望通りに就業の機会が得られるかどうか、ということにあるだろう。そこで本節では、雇用継続された人とされなかった人の、キャリア経験の違いについて論じる。また一方で、職場を管理する職場長や経営陣

としては、法の定めがあろうとも、現実問題として全員雇用が果たせない状況の中で、いったいこの事態をどのように収拾すればよいのか、ということが関心事項となろう。そこで次節では、高年齢者の雇用と引退に関する、企業のマネジメントについて論じる。

(2) 雇用継続される人とされない人とでは、何が違うのか

はたして、どのような人が企業から求められ、雇用継続されているのだろうか。雇用継続者と不継続者の職業キャリアを調査・分析していくと、ある共通した特徴があることが見出せる。(5)

1) キャリアの連続性

まず第1に、雇用継続された人の多くが、同一職能内に長く留まるタイプのキャリアを歩んでいる。例えば、本社人事部に勤務した後、支社の人事部門で教育プログラムの開発に従事し、その後、生産部門の工場で人事や賃金計算を担当し、また再び本社人事部に戻るという場合、広域な異動を経験してはいるものの、人事という点でその人の担当職能は一貫していることになる。雇用継続された人とされなかった人の、同一職能内での平均経験年数の違いは数値でも示されており、調査では、事務職系の場合はそれぞれ36.58年、27.00年、生産職系の場合は33.74年、25.64年となっている。

実はこのキャリアの連続性は、本人の働く意欲を引き出すことにもつながっている。例えば、担当職務に一貫性がなく、生産技能系から営業職系へと大きく異なる部署へ配置転換された場合など、つまり経験が上手くつなげられない非連続的なキャリアの下では、働く意欲を持続させることは難しいとされる。逆にいえば、適切なキャリア育成を経てきた人は、仕事への意欲が高く、同一職能内での仕事経験との相乗効果から、高い職務能力を獲得するに至っている可能性が高いことが指摘できる。

2) 決して穏やかではない起伏のあるキャリア

また単に、同一職能内に留まった年数が長いのではなく、そこでの経験が重要

となる。雇用継続者は決して安泰な異動ではなく、どちらかといえば担当職能内で様々な異動を繰り返し、かなり困難と思われる職場への配属も度々経験していることが多い。

例えば、生産部門で長年にわたり、組み立てに従事していた人が、突然、工務部に異動になり、原価計算をゼロから学ぶ必要が生じたとする。おそらく従来の組み立てに従事し続けたほうが、高い生産性を維持でき、貢献度は間違いなく高いだろう。またこの異動で本人が投じなければならない労力と時間も、相当なものとなろう。しかし工務の仕事は、これまで生産現場で経験を積んできた当人にとって、全く歯が立たないというわけではなく、本人の努力と周囲の支援により、原価計算をはじめ工務特有の仕事をやりこなしていく中で、十分に乗り越えられるものであることも事実である。

こうした、同一職能内での少し背伸びをさせるキャリア経験は、将来的な職務能力の伸長に大きく繋がっていく。やや無理な配置がなされた場合、不慣れな仕事、不慣れな職場ゆえに、またこの間に上げることができたかもしれない生産量を機会費用として計上するならば、当人の生産性は一旦大きく下がる。しかしこれを克服した後には、能力は格段に伸び、生産性も上がる。

必要とされ雇用され続けた人々の多くが、こうした「起伏のあるキャリア」経験を持っていることが、これまでの調査研究で示されている。これに対して、雇用継続されなかった人は、異なる職能を転々とすることでキャリアの連続性が分断されているか、あるいは、連続性があったとしても、どちらかと言えば困難性も挑戦もない、平坦なキャリアを歩んできていることが多いという傾向が明らかとなっている。

3）重要な人との出会いと学び

また雇用継続者に見られるもうひとつの特徴は、これまでのキャリアにおいて、重要な人物と出会い、そこから多くを学んでいることにある。その出会いが、連続的なキャリアに自身をつなぎ止めさせ、そのことによって更に職務能力が高められていくということが経験されている。

例えば、営業技術部門でエンジニアを務め、その後本社技術部門、工場の技術部門へと異動し、生産設計部の課長への昇進を目前にして、設計係長としてもう一度現場に戻った人がいる。普通に見ればこれは降格と考えられる。しかしこの時、その人は、新製品の生産準備が難航し、予定を大幅に修正しなければならないという局面に立たされ、その重圧から、生産技術の職を離れたいと真剣に考えるようになっていた。そのような時に、一設計者としてもう一度現場に戻るよう進言したのは同部門の上司であった。これを受け入れ、現場の改善に力を注ぎ、その後しばらくして、その人は技術部門の課長、部長へと昇進していった。自分のことをよく理解して見守ってくれた上司がいたからこそ、今の自分があると、定年後の雇用継続を実現したその人は熱く語った。雇用継続された人の多くは、自分を成長させてくれた「重要な人物との出会い」の物語を持っている。

上述のように、定年を迎えても雇用継続され、職場に残る人たちに共通する特性とは、キャリアに連続性があり、同時に、後に能力の伸長へと繋がっていくやや厳しい起伏のあるキャリアを経験しており、そして、そうしたキャリアへとつなぎ止め、成長を促してくれる重要な人物と出会っているということである。しかし果たして、こうしたキャリアや出会いは、雇用継続者たちに起きた偶然なのであろうか。

実は、人事異動で一見無理な配置換えを言い渡されたとしても、これまでのキャリアを断ち切ることなく連続性を持たせるのは、個人の努力に負うところも大きい。これまでの経験を新しい仕事にどのように結びつけていくのか、またその経験を今後にどのように活かしていくのかという視点を持つことで、非連続的と思われるキャリアを、起伏のある連続的キャリアに変換していくことも可能と考えられる。したがって、例えば企業側としては、そうした気付きを与える機会を人事施策の中に設ける必要があるだろう。

また、人との出会いから学びとる力は、その経験を前向きに捉えられるかどうか、それを自身の能力の伸長に結びつけられるかどうかという点で、本人次第という側面がある。同じ状況で同じ人に出会っても、そこに意味を見出し前向きに学び、前進できる人がいる一方、全く気づかず素通りをしてしまう人がいることもまた事実であろう。

3．雇用機会の分配 ―日本の場合

次に、職場で生じうる定年到達者たちの雇用と引退に関する、企業のマネジメントについて述べたい。まず確認したいことは、企業が高年齢者雇用の更なる促進に困難性を持つ中で、もし無理にこれを推し進めようとするならば、いったいどのような事態が生じるのかということである。

(1) もし無理に雇用を進めたら何が起きるのか

起こり得るリスクとして、第1に、多くの従業員の賃金低下が考えられる。高年齢者雇用によって増大する人件費は、全社員の賃金上昇率を抑制することで賄われていくだろう。その際に、賃金低下に対する論理的説明として、成果・業績主義の更なる推進の必要性が説かれ、こうした論調が、高年齢者雇用問題の背後で、しかしこの問題とは別建てで強められていく可能性があるだろう。このとき例えば、65歳までの雇用を前提に賃金水準が押し下げられながら、結果的には60歳あるいは50歳代で退職を余儀なくされた場合、予定されていた賃金を受け取れず、生涯所得は大きく下がることになる。また一方で、成果・業績主義の下で、評価が高く賃金水準が高い人は、有用な人材として60歳を超えて長期にわたって雇用され、生涯所得を大幅に増やしていくと考えられる。しかし同時に、高い評価を得られえず賃金水準が低いまま、60歳以降の就業も果たせない人々も出現することになろう（**図2**）。このことは、間違いなく、格差社会を助長していくことになる。

第2に、無理に60歳以降の雇用を推し進めようとした場合、60歳に到達する前に、公式・非公式的に雇用調整が行われていく可能性がある。高年齢者雇用安定法の主眼は、60歳以降の雇用におかれている。そのため、高年齢者雇用の圧力が強まり過ぎるならば、60歳に到達する前の段階で、従業員数の絞り込みが行われていくことが考えられる。

図3は、現40歳および現50歳が、今の会社で60歳を迎えることができる可能性がどのくらいあるのかを示している。これによると、各企業のこれまでの経験から、現40歳が今の企業で60歳を迎えることができる比率は60.56％、現50歳

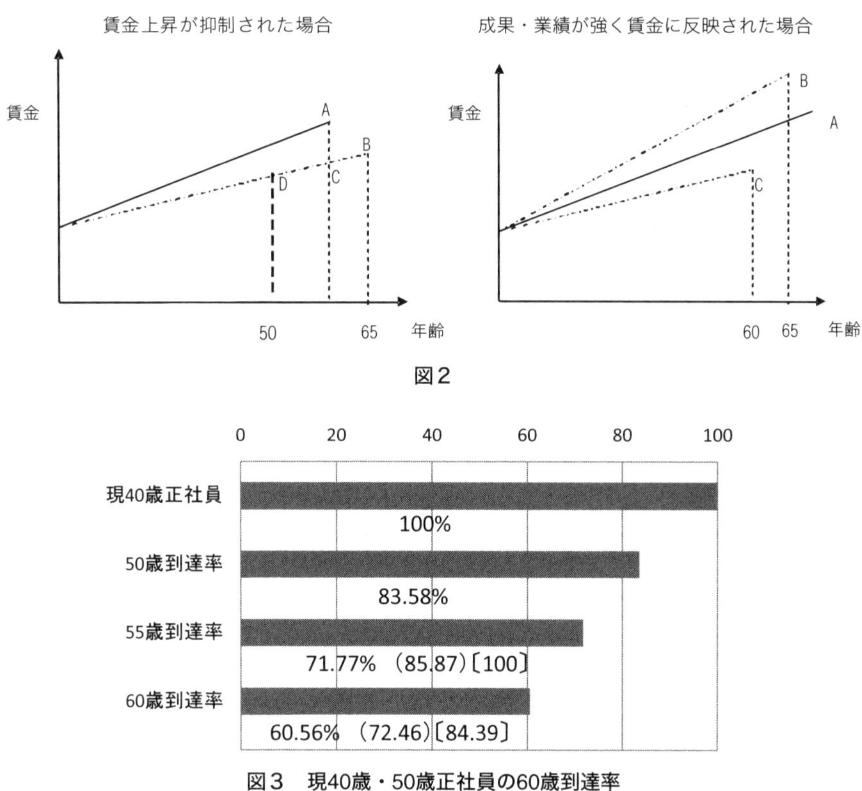

図2

図３　現40歳・50歳正社員の60歳到達率

データ出所：図１に同じ。

の場合は72.46％となっている。つまり、その他は60歳を待たずに退職しているということがわかる。実際に同調査では、過去1年間における退職者中、31.4％が50歳代であることも示されている。さらに、雇用確保措置を義務付けた、前々回の改正法施行後3年が経った、2009年の労働政策研究・研修機構「高年齢者の雇用・就業の実態に関する調査」でも、定年前に退職する人は38.7％に達していることが示されている。

日本の労働社会では、少なくとも、定年までの雇用を前提とする心理的契約が労使間で取り交わせられてきた。しかし、雇用保障の脆弱化、あるいは、65歳までの雇用を前提に賃金水準が押し下げられながらも、途中で退職に追い込まれることがあるとすれば、従業員側からすれば、それは企業側の契約不履行、もしくは契約違反と見なし得ることになろう。そのような事態になれば、日本企業の強みであったはずの、人と組織の信頼関係をも揺るがすことになりかねない。

(2)「すりかえ合意」による自発的引退と自発的転職

高年齢者の雇用促進は社会的要請であり、今後ますますの雇用努力が望まれている。しかし、上述のような事態とならないためには、全員雇用が難しい現状においては、一定量の雇用不継続者が出現することを前提として、せめて雇用・不雇用の選抜に伴って生じうる摩擦を最小化、もしくは回避するための手立てが必要と考えられる。

職場のコンフリクトは、当事者間に留まらず、全従業員の士気低下や職場の雰囲気の悪化を招く。よってこれを避けることは、経営活動上の課題でもある。ここで、どのような場合に選抜における摩擦が回避されていくのかを見ていきたい[(6)]。

1）自発的引退

もし深刻な経済的事情を抱える人ならば、とにかくまずは働き口にありつこうとするであろう。しかし日本の一般的な高年齢者は比較的ゆとりがあることも少なくない[(7)]。その場合、単に働く機会を得るのではなく、どのような働き方ができるのかといった、「労働の質」に関心が向けられることになる。

2004年改正法施行後、高年齢者雇用促進の意識が企業と職場にある程度浸透した2007年に行われた、労働政策研究・研修機構「60歳以降の継続雇用と職業生活に関する調査」では、60歳以降の就業を希望している人は88.5%であるものの、実際に就業希望を企業側に表明した人は22.2%で、調査時点で69.7%もの人が思案中であるという結果が示された。このことは、人々はたとえ働き続けたくとも、すぐに就業希望を企業側に表明するわけではないことを暗示している。それでは60歳以降の就業に関して、人々はどのようにして意思決定を下しているのだろうか。

日本企業の人事慣行として、全社を通じて行われる異動・ジョブローテーションがある。この施策は、配置調整や人材育成という目的以外に、実は、重要な副次効果を持っている。従業員たちは全社を異動していく中で、企業が持つ価値観や望まれる仕事のやり方、達成水準といった、その企業固有の評価尺度を認識していく。そのため、この評価基準に照らし合わせて、社内における自身の人材価値や立ち位置に徐々に気づくことになる。加えて、キャリアの節目などに行われるセミナーやカウンセリングの際に、培ってきた知識や能力の棚卸しが求められ、これを機会として、雇用継続後の働き方や可能性について認識していくことになる。

このように日々施される人事管理を通じて、定年を間近に控えた従業員たちは、業況や職場の雰囲気、就業条件を鑑みながらも、自分が真に企業から求められている人材なのかどうかを自己診断していく。そのため、もし企業が積極的に自分を雇用継続したいわけではないと察知した場合には、たとえ就業意欲があろうとも、最終的には企業側に希望を出さない。

つまり、本来は従来企業で働き続けたくとも、自分が望まれてはいないと予見した場合には、自分の真意をすりかえて、周囲からも期待されている二次選択(引退)を受け入れ、更には主体的にそれを選択し、引退に合意していく。こうした「すりかえ合意」によって、自発的に引退する人々が一定量出てくることになる。これが、雇用・不雇用の選抜における摩擦回避のメカニズムである。[(8)]

2）自発的転職

また、60歳以降の就業としては、他社への転職という選択肢もある。転職者と雇用継続者の価値観と行動を比較分析すると、転職者には次のような特性があることが明らかになっている。[(9)] ①転職者は組織において「弱い埋め込み」状況にあり、組織関係よりも職務に対する関心が強い。②様々な出来事に対して敏感に反応し、行動を起こす「過反応性」という特性が見られ、転職者は日頃より組織関係に依存的ではないがゆえに、本来ならば組織全体で受け止めるべき様々な出来事を、より個人的なこととして受け止め、情動的に反応する傾向がある。

このような弱い埋め込みや過反応性という特性が、自己選別と同様に、全社的な人事異動やジョブローテーション、キャリアセミナーやカウンセリングを通じて、徐々に本人と周囲に気付かれていき、当該者を転職という意思決定に接近させていく。転職者は職務能力の面から見ても、転職を実現できる力量を持っている。本人もそのことを知覚している。そうしたことからも、当初は自発ではなかったはずの転職という意思決定は、最終的には自らの主体的意思決定として選択されていくことになる。

つまり、本来は従来企業で働き続けたくとも、自分が望まれてはいないと予見した場合には、自分の真意をすりかえて、周囲からも期待されている二次選択（転職）を受け入れ、更には主体的にそれを選択し、他社への転職に合意していく。こうした「すりかえ合意」によって、自発的に転職する人々が一定量出てくることになる。これが、転職者の選抜における摩擦回避のメカニズムである。[(10)]

以上のような、「すりかえ合意」による自発的引退と転職は、これまでの雇用関係の中で従業員たちの間に醸成された、組織メンバーとしての規範と、従前の人事管理システムとによって発動されていると考えられる。したがって、法が改正されても、このような人間行動は大きくは変わらないだろう。このメカニズムが適切に駆動した場合、希望者全員雇用を謳う法の下でも、雇用が直ちに急増することはなく、雇用数はコントロールされることを示唆している。

(3) 人々が持つ公正理念に支えられた、円滑な「雇用・引退・転職」

なぜ、雇用機会を巡って正面切って闘うことなく、人々は「すりかえ合意」によって身を引いていくのだろうか。本来的には誰もが、必要とされ続ける有用な人材であり続けたいと願い、また、生涯所得を極大化したいという野心を持っている。[(11)]しかし人々は、そうした原初的な野心を持つ一方で、胸中の公平な観察者によって道徳判断を下す正義の感覚と、他者に思いを馳せる同感の心を持っている。[(12)]たとえ働き続けたいと願っていても、経済情勢や職場の状況を見て、就業機会が全ての人に拓かれてはいないことが明らかであるならば、己の野心ではなく、自分が属する組織を運営している基本ルールに従うことになる。つまり、正義の感覚と同感の心を備える人々は、定年以降の限られた雇用機会が誰に与えられるべきかという分配原則を理解し、これに抗うことはできない。なぜならば、長期にわたりその企業で勤め上げ、人事管理を施される中で、選抜において適用される原理を人々は相互に承認しており、これを公正とする考えが、人々の心性に備わっているからである。その意思決定には、「最終的には自分で決断したのだ」という選択の美学がある。[13]

就業・引退・転職に係る選抜に関して、従業員間で公正理念に基づく「合意」が得られているのであれば、そこには抜け駆けも、不満も、誰かを不幸にすることも基本的には生じえない。無論、高年齢者雇用の促進は社会的要請である。しかし全員にその機会を用意できない現状においては、こうした選抜に伴う摩擦を回避する手立ては、残念ではあるが、現在のところ必須と考えねばならないだろう。

4. 控えめで競争回避的な人間行動による労働力の均衡

(1)「すりかえ合意」による高年齢者の就業行動 ―英国の事例

ここまでは、日本の高年齢者の事例を見てきた。本節では、先に示した、雇用量を摩擦回避的にコントロールする仕組みを生み出している、「すりかえ合意」という人間行動の、国籍や個人レベルの違いを超えた普遍性について見ていきたい。高年齢者の問題は国際社会に共通する課題であるが、ここでは日本と同様に、雇用促進が社会政策として重視されている英国の事例を扱う。[14]

欧米諸国をはじめ日本においても、一般論として理解されていることは、高年齢者の就業は年金受給によって抑制され、したがって、社会保障給付の水準によって就業・引退行動が決定づけられるということである。しかしながら、英国をはじめとする欧米諸国においても、実際には年金給付水準が良くとも、労働市場が良好であれば高年齢者は就業するのであり、逆に、年金給付が劣っている場合でも、労働市場が劣悪な場合には高年齢者は引退することが指摘されている(Esping-Andersen, 1990)[15]。このことは、企業における雇用機会の状況に基づいて、就業か引退かを決定する人々が多いことを示唆しており、この点で、欧米諸国の高年齢者の就業行動は、実態として、実は日本の高年齢者の場合とほぼ似ている可能性がある。以下では2つの事例から、英国の高年齢者の就業行動を見ていく。[16]

1）事例1

大学経理・総務部長を務めたA氏が学業を終えて最初に就職したのは、船会社であった。家族からも「人と話すのが上手で、他人を理解するのが得意」と見做されていたA氏にとって、船上のホスピタリティを極める仕事は、希望通りのものであった。ここでの仕事はほぼホテルマネジメントに近い。11年後にホテル業界に転職し、のちに現職に就くが、大学カレッジ運営という重職に繋がる経験がここから始まったことになる。

最初の2年間は、船会社における各部門の機能を徹底的に教わるための訓練・研修に費やされた。同社は学卒者を会社独自の人材育成プログラムを通じて生え抜き社員として育て上げる方針をとっており、少人数制で厳しい教育がOJTと研修によって行われた。その後は、船上ホスピタリティを担うトップマネージャ（パーサー）になることを目指して、厳しい昇進競争が始まった。A氏は船会社に勤務する僅か11年間で副マネージャ（副パーサー）まで昇進し、結婚を機にホテル（マナーハウス）のマネージャへと転職した。転職の決断は決して難しくはなかった。これまでの仕事が船上から陸上へと移ったようなものであった。A氏はその後、マナーハウスをはじめ英国有数のホテルなどをいくつか経験し、ホテルの経営を再生させるなどの仕事を担った。ホテルマネージャの仕事は過酷で、実質的には週7日、1日24時間の勤務体制となる船上での仕事とほぼ同じであったが、苦にならなかった。そして、週80時間働けなくなる時が来ると認識し始めた50歳代になって、大学経理・総務部長の職に申請書を提出することとなった。

大学での仕事、つまり財政面の改善とカレッジ運営では、これまでの仕事経験が活かされ、在職中に、学寮・セミナー室のための新しい建物の建設や会議ビジネスの導入などを成功させ、飛躍的な財政改善を実現した。ただし、この大学特有の慣習、すなわちこの大学内でしか用いられない用語や隠語、特有の言い回し、カレッジ特有の業務手続や決裁、会議、経営陣の機能と役割、組織構造などを理解するには相当の時間を要した。最初に出席した会議では、9割はほぼ全く理解することができなかったという。そうした中で、上司であり、新参者の自分を指導する良きメンターであった同僚が、全てのことを一から教え、寄り添い、A氏の提案の実現を手助けし、恥ずかしいミスを起こしてしまう前にそれを未然に防いでくれた。良い指導者に恵まれ、引退を目前に控えた今日までの間に、顕著な業績を残し活躍した。A氏の同僚たちによると、強く慕われ尊敬されていたA氏が定年後も留まり、引き続き役割を担うことを皆が期待していたという。A氏自身もまだまだ自分の経験が活かせると考えていたし、職業人としての自信があった。しかし予定通り定年退職し、後継者にその職を引き渡した。65歳定年退職はほぼ例外なく適用されてきた制度であり、定年とともに身を引くことは、よいメンターであった前任者が自分に示した態度でもあった。A氏は引退し、現在は余暇を楽しみながら、ホテル業界でのフリーの仕事を計画中である。

2）事例2

続いて、学卒後、中央省庁である現・職業年金省に入省したB氏は、52歳で早期退職し、現在は小学校の教師補助をしている。同省で担当職務をひたすらこなしていく日々であったが、一変したのは2002年からであった。

1997年に労働党が政権を取り、公約のひとつを年金制度改革とすることで得票につなげていたため、ブレア政権にとって年金問題への対応は必須であった。そこで登場したのが2002年の年金クレジット制度（Pension Credit: 年金補足給付制度）である。職業年金省に2002年に年金部が設置され、B氏はこの制度の広報担当に任命された。年金クレジットとは、従来のIncome Support（収入補助）とは異なり、年金受給者に対象を絞り、週計算の収入が、政府が定めた額を下回る場合には、その差額を年金クレジットとして受け取れるという仕組みである。しかしこの仕組みは複雑で、例えば不動産を家賃等の収入源と見なし収入計算に組み込んだり、預金利率が低く資本があっても収入に結び付かない場合はそのことを考慮し収入を割り出す、などといったことが求められた。つまりこの制度の複雑性と収入計算の難しさは、B氏の活躍と役割の重要性を強調することとなった。この制度は年金受給者の貧困を緩和することが目的であるから、B氏は普段は訪れることがないような奥地の村に足を運び、そこに住む貧困高齢世帯にこの制度の説明をするほか、制度の名前が書かれたバスを走らせるなど、様々な広報手段を考える業務に従事した。大変だが、自分の仕事の意義を確認できるこの仕事は、B氏の公務員としての誇りを思い出させるものであった。

しかしブレア政権が2007年に終わる頃には、この制度の広報の必要性は大きく低下していた。年金部では2006年頃から、人員削減のために退職勧奨が行われるようになった。B氏はまだ50代前半で、もし退職したならば、確実に次の職場を見つけ出す必要があった。早期退職優遇措置による特別な計算式に基づき、職業年金の満額が支給されることになるが、職業からの完全引退はまだ早すぎる。しかし同部署で何人かが辞めることが期待されていた。B氏には、自分の公務員としての最後の日々は、国民の生活を守る重要な任務に注がれたという自負があった。後悔はなかった。妻は働いており、退職後にゆっくりとできる仕事を探そうと思った。B氏は晴れやかな気持ちで早期退職優遇制度に応募した。B氏を含め3～4人の50歳代職員がこの制度で退職した。これまで人に説明したり話したりする仕事が多かったことや、かつて組合の代表を務めた経験などが評価され、ご近所の口利きで、最初は幼稚園、その後は学童保育で教師補佐の職に就き、現在は小学校で働いている。

以上で見てきたように、日本の高年齢労働者の雇用・就業において見出された「すりかえ合意」行動は、英国の高年齢者にも普遍的に観察される現象である可能性がある。すなわちこの行動は、国籍や個人間レベルの違いを超え、人間の本質的な思考と行動と見なしうる可能性があると考えられるだろう。

(2) 企業の人事管理の役割

日本および英国で見られる、高年齢者の「すりかえ合意」を通じた就業・引退・転職の選択行動は、我々の社会においてどのような意味を持つのだろうか。最後に、経済合理性とは真逆とも受け取れる、この控えめで競争回避的な人間行動によってもたらされる、高年齢者雇用への含意について述べたい。

日本の高年齢者の場合には、長期にわたる雇用関係の中で一貫した人事管理が施され、その過程で企業固有の評価尺度が認識されていき、この評価基準に照らし合わせて、社内における自身の人材価値や立ち位置が気づかれていくことが指摘された。これは、限られた雇用機会が誰に割り当てられるべきかという分配原則を、従業員たちが互いに理解することに繋がっていた。

一方、英国の高年齢者の事例から見出されたことは、日本の高年齢者ほど長期にわたる雇用関係ではない場合でも、引退を前に、職業人としての自分を内省する過程において、これまでの職業キャリアへの納得性が高く、職場への感謝の気持ちやこれまでの仕事への達成感などが本人に認識されている場合には、日本の高年齢者と同様に、限られた雇用機会の分配原則を自然に理解し、引退や転職への「すりかえ合意」に至るということである。

これらの日本の高年齢者、英国の高年齢者に共通することとは何であろうか。要点をまとめると、それは、職場において「手を尽くしてもらってきた、自分は大切にされてきた」と実感しており、ここに至るまでの自身のキャリアに関する自己肯定的なイメージを持っていることである。そうした心性が、野心や利己心に基づく行動ではなく、公正理念やバランス感覚に基づく協調的な行動を導いていると考えられる。つまり、「すりかえ合意」の発動は、企業や職場がどのように一人一人に向き合ってきたかということに強く関わっている。つまり、ここで、人事管理が果たす役割は言うまでもなく大きい。従業員1人1人が、自身が持つ強みや弱みといった各人の特性、資質、能力を自分で理解していくためには、きめ細やかで長期的視点に基づく能力開発や人材育成が必要とされている。当該従業員が入社した時点から始まる、計画的で意図的な人事管理によって、人々は自身のあるべき姿を知り、組織での立ち位置を知る。働く個人と企業側とが共にそのことを理解することで、双方にとって納得的な居場所が従業員たちによって見出されていくのであり、そのための丁寧できめ細やかな個別的な人事管理が求められているといえるだろう。

(3) 労働力の均衡

社会的要請は高くとも、高年齢者の雇用促進は企業にとって困難であり、雇用・不雇用を巡る選抜は現状では免れえないことを述べたが、このことは、換言すれば、高年齢者の労働市場においては、労働供給が労働需要を常に上回っていることを意味している。この点について経済学では、老齢年金が得られることにより、高年齢者は労働よりも余暇を選択すると考えられてきた。したがって、年金水準や給付年齢などの条件が労働供給に影響を与えるとして、保障と就業の関係を分析する研究が多くなされてきた。しかし、就業意欲を持つ高年齢者が多いことを念頭に置くならば、労働の機会が得られないから社会保障の受給者（引退者・不就業者）となるのであり、従来の職場で就業機会を得られないから、転職先、再就職先を探すのであって、企業での就業機会の状況こそが、より強く高年齢者の就業確率を左右し、労働供給を動かす要因となっている可能性を指摘できる。

このように考えると、ここで見てきた「すりかえ合意」は、各企業や各職場において、ひいては高年齢者の労働市場全体において、労働力均衡をもたらすメカニズムとなっていると見なすことができるだろう（**図4**）。しかも、限られた雇用機会を巡って繰り広げられる正面切っての闘いや摩擦なしに、それが実現されていることになる。それればかりではない。「すりかえ合意」は、身を引いた全ての人を引退に導くわけではなく、次なる転職先、再就職先の探索を自発的に開始することを助けることにも貢献しうる[(17)]。本来は最善策ではなかったとしても、結果的には新たに活躍する場を見出した人々がいるということは、高年齢者の労働

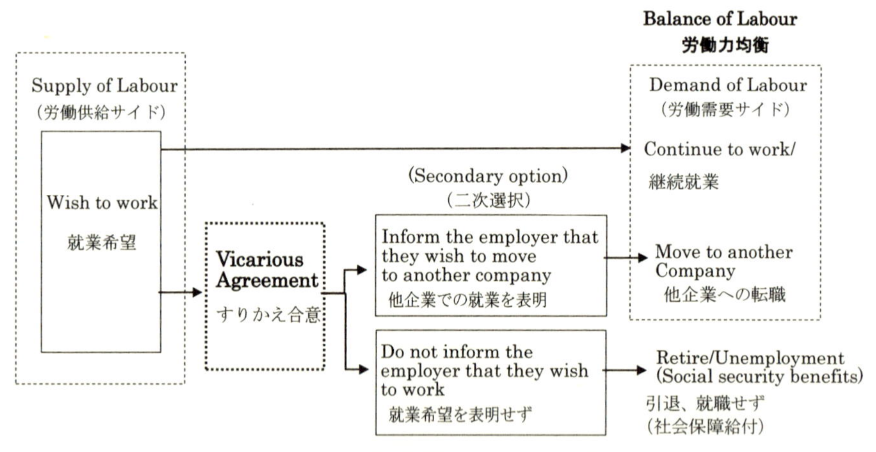

図4　「すりかえ合意」と労働力均衡

出所：Takagi, Tomoyo, "Worldwide Convergence towards the Policies Based on Anti-Discrimination Acts (Age/Disability): Are We Seeking 'Equality of Opportunity' or 'Equality of Outcome'? " The 14th ASEAN and Japan High Level Officials Meeting on Caring Societies, "Increasing Employment Participation for Elderly and Disabled," held by ASEAN, World Association of Public Employment Services and Ministry of Health, Labour and Welfare, Tokyo, November, 2016.

市場全体での適材適所への再配置を促すメカニズムともなっていると考えられるだろう。そして、この控えめで競争回避的な選択行動が、もしも日本のみならず、国籍や個人間レベルの違いを超えた、普遍的な人間行動であるならば、あらゆる国々の高年齢者労働市場を均衡化へと導く可能性を持っている。

ただし、留意すべきことがある。労働市場の均衡が果たされたからといって、これが人々の生活水準の問題を解決しているわけではない。「すりかえ合意」の結果、例えば、失業や劣悪な労働条件下での就業を余儀なくされ、生活困窮者へと転落することがあるとすれば、これを救済する仕組みが別建てで求められよう。しかしこれは雇用問題ではなく、社会保障が対象とする問題と言えるかもしれない[(18)]。

なお、この人間の本質的な行動であり、高年齢者の労働市場均衡をもたらす「すりかえ合意」は、就業・引退・転職行動を発動させる源が、経済合理性や人間の原初的な野心や利己心だけではないということを我々に教えている。市場均衡のメカニズムについての支配的な学説は、個人の利己心に導かれた行動が、結果的に社会全体の利益となる全体バランスを導くというものであり、これは「invisible hand」と命名され、市場原理を説明する概念として用いられてきた。しかし、人々の行為の集合体である組織が持続継続体たりうるための組織原理は、むしろ、この「すりかえ合意」、すなわち、自分の真意や欲求を抑えて次善策を講じる、控え目で競争回避的な人間行動によってこそ説明できる可能性があるだろう。

従来、高年齢者の雇用対策をはじめとする社会政策や労働政策は、マクロ理論を適用しマクロ視点で議論され策定される傾向があった。しかしながら、もし、「すりかえ合意」という組織原理が労働市場の均衡を導くとするならば、それは、組織における人々の思考、心理、行動というミクロの集積がマクロを形成していることの証左であり、政策策定においては、組織における人間行動を観察し、その特質を政策に織り込むことが、マクロ視点からの策定と同様に重要であることを示唆していることになる。

〔注〕

(1)　この調査は、内閣府「最先端・次世代研究開発支援プログラム」の研究調査（研究代表：高木朋代）の一環として行われた。ちなみに若年齢従業員の過剰を訴える企業は僅かに3.1%であった。なおここでいう高年齢従業員とは55歳以上をいい、若年齢従業員とは35歳未満をいう。

(2)　大戦直後の1947年から1949年に生まれたいわゆる団塊世代が、2007年から60歳定年を迎えて大量退職していくことを受け、この用語が生み出された。さらに2007年が過ぎると、高年齢者雇用安定法の施行により、団塊世代が65歳になって引退し始める時期に産業界に危機が訪れるとして、2012年問題という新しい用語が生み出された。

(3)　厳密にいえば、2005年に一旦新卒者の就職氷河期が終結し、2006〜2008年にかけて有効求人倍率が1を上回ったことから、この頃特に中小企業の現場では、人材の確保が経営課題とはなっていた。しかしこれは経済動向の影響であり、新規学卒者の採用や中途採用が上手くいかないことによって生じる労働力不足という、もっとわかりやすい問題であった。よって2007年問題という用語は当てはまらない。

(4)　この数値は、30人程度の小規模企業を含めても、それぞれ2.7%、16.1%、81.3%となっている。

(5)　ここでの議論は、拙著『高年齢者雇用のマネジメント：必要とされ続ける人材の育成と活用』（日本経済新聞出版社、2008年）に基づく。企業の人事担当者、雇用継続者、引退者、転職者、その職場上司、受け入れ企業の職場上司と人事担当者など、多面的なインタビュー調査による分析と、従業員人事情報ファイルをベースとする人事データおよびサーベイ調査データを用いたデータ解析による。

(6)　ここでの議論は、定年到達者とその職場への聞き取り調査によって、60歳以降の雇用継続・不継続が決定される仕組みを分析した、拙著『高年齢者雇用のマネジメント：必要とされ続ける人材の育成と活用』（日本経済新聞出版社、2008年）、および「高年齢者雇用と公正原理：選抜における合意形成と正義の分配原則」『ジュリスト』（No.1441、2012年）、「65歳雇用義務化の重み」『日本労働研究雑誌』（No.643、2014年）に基づく。

(7)　高年齢層の経済生活については、これまで、年金受給年齢の引き上げや年金水準の低さが問題視され、また高齢世帯の貧困問題が度々議論されてきた。しかしながら、日本の高年齢者は現役世代と比べて、依然として豊かであることも指摘されている。例えば、平成21年全国消費実態調査をみると、60歳代世帯の平均総資産は4925万円、うち金融資産は1785万円となっており、70歳代以上では5024万円、1860万円となっている。なお、30歳代ではこの数値は、1400万円、-262万円、40歳代2395万円、74万円、50歳代3710万円、927万円となっている。

(8)　この分析は、企業の人事担当者、雇用継続者、引退者、45名への一人当たり複数回にわたるインタビュー調査と、従業員人事情報ファイルをベースとするデータ解析に基づく。

(9)　社会構造と組織行動に関する研究（Granovetter, 1974他）は、人の行動が、社会のネットワークに埋め込まれている度合いによって異なることを指摘しており、ここでの議論は、この理論を出発点とする調査・分析による。

(10)　この分析は、企業の人事担当者、転職者、その職場上司、受け入れ企業の職場上司と人事担当者、38名への一人当たり複数回にわたるインタビュー調査と、従業員人事情報ファイルをベースとするデータ解析に基づく。

(11)　ロールズは、人々には必ず欲する社会的基本財というものがあり、それは、自由と機会、所得と富、権利、自尊であるとした（Rawls, 1971）。高年齢者雇用もまた、雇用継続によって得られる機会、所得、自尊などの追求が誰に許されるべきなのかという、社会的基本財の分配問題の一種と捉えられるであろう。

(12)　アダム・スミス（水田洋訳）『道徳感情論』（筑摩書房、1973年）による。

(13)　インタビュー調査から明らかなことは、ここで見てきた本来は自発ではない後付けの意思決定は、明らかに本人の不満を具体的に生じさせるものとはなっていないということである。すりかえ合意によって企業を去って行った人々には、いくつかの思いがある。第1に、もし自分が真に企業から求められているわけではない中で就業を続けた場合、希望通りの仕事や職場ではなく、縁辺的な仕事に従事させられる可能性は十分にある。納得のいかない働き方を60歳代になって受け入れる動機は、これまで十分に働いてきた高年齢従業員にとっては、経済的に困窮していない限り、ほとんどない。第2に、業況が芳しくなく、雇用継続の余裕がないことをわかっている場合には、長期間お世話になってきた会社に対する遠慮がある、などである。

(14)　ここでの分析は、2011年から2016年に行った、高年齢者と、職場のマネージャ、同僚、家族へのインタビュー、参与観察（公式および非公式）に基づく。インタビューは一人当たり、2時間から計数十時間におよぶ。

(15)　Esping-Andersen（1990）によると、次のように類型できるという。1）大陸ヨーロッパ（フランス、ドイツ、オランダ）：労働市場の参加機会が乏しく、早期退職が多く発生している。しかし同時に、社会保障給付は魅力的な水準が用意されている。2）スカンジナビア諸国（ノルウェー、スウェーデン）：労働市場の状況は良好。よって社会保障給付が十分にもかかわらず、退職は誘発されていない。3）イギリス：労働市場の状況は非常に劣悪。年金給付水準もかなり劣っているにもかかわらず、退職が誘発されている。4）アメリカ：レイオフされた後に再就職先を見つけることができる可能性は大変低い。よって年金制度が弱いにもかかわらず、早期退職が多く発生。以上、高年齢者の引退を誘発する要因は、社会保障給付水準ではなく、むしろ労働市場の状況に強く依拠することが見出されている。

(16)　ここで示す事例の初出は、高木朋代「『すりかえ合意』行動と高年齢者・障害者の労働力均衡」『一橋ビジネスレビュー』（2016年夏号）である。

(17)　英国の調査対象者が勤務する企業の人事責任者によれば、業績不振者や職場に馴染めない者への再教育訓練の機会が設けられているものの、その前に自ら身を引き転職の準備を始めるものが一定数いるという。（2016年9月インタビュー調査による。）

(18)　例えば、2015年4月に、東京メトロ駅販売店の非正規労働者による労働組合、全国一般東京東部労組メトロコマース支部は、65歳以降の雇用継続を求めてストライキを行った。これは3月10の団体交渉の結果（企業側は65歳定年以降の雇用を継続するかどうかわからないと回答）を受けたもので、労組の主張は、非正規労働で日頃より低賃金のため貯金もなく、退職金はない上に、年金受給資格がない者も多く、また単身女性の場合も多く、65歳定年制によってもし退職したならば、あとは路頭に迷うしかない、というものであった。再び2016年4月18日に団体交渉が行われ、今回企業側は訴えを受け入れ、65歳定年後の雇用継続を決定した。これにより2016年4月25日に予定されていたストライキは回避された。非正規労働で劣悪な条件で働く人々の生活困窮については、実に痛ましい事態であり、救済措置は必須と考えられる。実際に、同労組支部は、非正規労働者の差別賃金に関して労働契約法20条を根拠とする裁判を起こしているところである。しかし生活困窮の理由を、企業が65歳以降の雇用を行わないからだと訴えても、彼女らの主張を現行法は援護してはくれないだろう。現行の高年齢者雇用安定法は65歳までが適用年齢であり、また経営の観点で言えば、誰を雇うかを決めることには企業側にも裁量権がある。つまり、こうした人々の生活を救済するのは、企業の雇用ではなく、むしろ国の社会保障の役目であるという見方もできるだろう。

〔参考文献〕

Esping-Andersen, Gosta（1990）*The Three Worlds of Welfare Capitalism*, Polity Press.

Granovetter, Mark（1974）*Getting a Job*, The University of Chicago Press.

Rawls, John（1971）*A Theory of Justice*, Cambridge: Harvard University Press.

スミス, アダム（1973）『道徳感情論』水田洋訳、筑摩書房。

高木朋代（2008）『高年齢者雇用のマネジメント：必要とされ続ける人材の育成と活用』日本経済新聞出版社。

高木朋代（2012）「高年齢者雇用と公正原理：選抜における合意形成と正義の分配原則」『ジュリスト』No.1441、24-29。

高木朋代（2014）「65歳雇用義務化の重み：隠された選抜、揺れる雇用保障」『日本労働研究雑誌』No.643、21-30。

高木朋代（2016）「『すりかえ合意』行動と高年齢者・障害者の労働力均衡」『一橋ビジネスレビュー』64巻1号、76-88。

日本労働社会学会年報第28号〔2017年〕

法的制度と社会のはざまでもがく外国人労働者

――永遠のイタチごっこはなぜ続くのか――

丹野　清人
（首都大学東京）

はじめに

2016年、日本で働く外国人労働者人口は初めて100万人を超えた。日本経済の再浮上を「三本の矢」のキャッチフレーズとし、デフレからの脱却を訴える「アベノミクス」が始まって以降、外国人労働者人口はほぼ毎年10万人ずつ増加していた。追加的な労働力人口が年々減少するなかでは、珍しい労働市場セグメントだ。

しかし、日本の労働人口がおよそ6,433万人であることを考えれば、注目を集めているとはいえ1.7％に過ぎなく、労働市場全体に外国人が与える影響は極めて小さい。実際、ケーススタディではなく統計データから外国人労働者問題に迫った『日本の外国人労働』では、外国人労働者問題としてさまざまに語られていることを統計的に検証したが、その結論は「単純労働での外国人労働者の受け入れが正式に認められていない現状では、わが国の外国人労働者比率は極めて低く、その効果を実証的に把握するという作業は極めて困難と言える」であった（中村・内藤・神林・川口・町北 2009: 288）。増えているとはいえ、労働市場全体では限られた領域のことであるから、量的データからこの問題にアプローチするには限界があるとのことなのだろう。

さりとて、2017年になると日本維新の会が日系四世の日本就労を可能にする法案を提案したり、日本経団連会長の2017年4月10日の定例記者会見では人手不足対応に「日系人に働いてもらう」という発言が出たりしている[(1)]。かつてないほどに、外国人労働者の導入は社会的にも高く注目されている。

1．基礎的データの確認から見えてくるねじれ現象

2016年、ついに日本で働く外国人労働者の人数が100万人を超えた。2016年10月末時点の、厚生労働省「外国人雇用状況調査」はその総数が1,083,769人であると伝えた[(2)]。ただ、このうち労働目的で来日した人々は決して多くはない。「専門的・技術分野」の在留資格というカテゴリーで分類される外国人は200,994人と18.6%であり、五人に一人もいないのだ。主なカテゴリーで言うと、「技能実習生」が211,108人で19.5%、留学できてアルバイトに従事している外国人に相当する「資格外活動」が239,577人で22.1%、日系人が多く含まれる「身分に基づく在留資格」が413,389人で38.1%となっている。技能実習生、留学生のアルバイト、そして日系人で79.7%とほぼ8割を占めてしまうのだ。厚生労働省の外国人雇用状況調査が示すのは、労働者として受け入れたのではない人が労働力化して日本の労働市場が満たされているという現実だ。

ところで**図1**をよく見てもらいたい。ついつい外国人労働者の総人口が拡大したことに我々は目を奪われがちであるが、日系人が含まれる「身分に基づく外国人」の割合は2008年時点で46.0%、学生アルバイトの資格外活動は17.1%、研

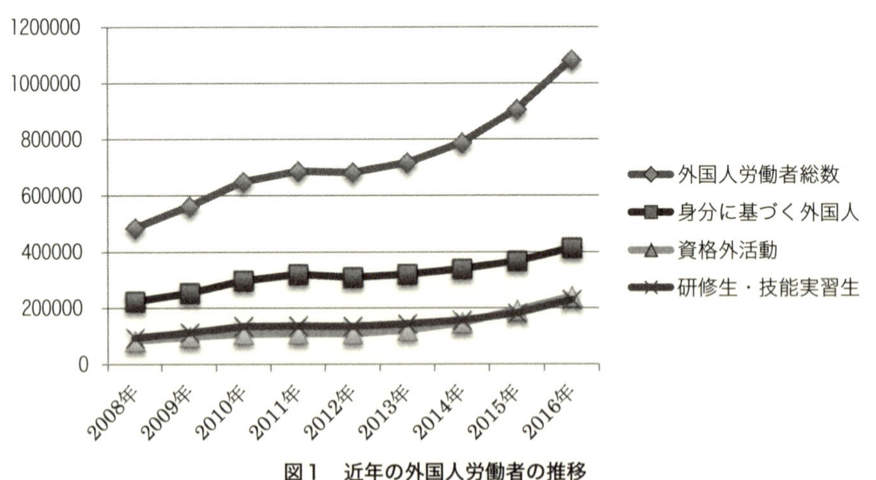

図1　近年の外国人労働者の推移

出所：各年度版の厚生労働省「外国人雇用状況調査」。

修生・技能実習生は19.5%なのであって、全体の構成そのものにあまり大きな変化はないのだ。強いて言えば、学生アルバイトの割合が一貫して増加していることであるが、9年かけて17.1%から22.1%に増えているのであって、決して極端に変わったものではない。日本が、労働目的で入国した者でない者の労働力化によって必要な労働力を確保しているという構図に何らの変化もないのである。

ところが、この在留資格別の推移を押さえた上で国別動向を見てみると、違った風景が見えてくる。リーマンショック後に急速に中国人が伸びているが、その後の中国人の増加は穏やかになっている。その一方、中国人の伸びが止まるのと入れ替わるように、ネパール人とベトナム人が急速な増加を見せるようになるのだ。ビザカテゴリー上の割合は一定のままで、その内部構成を大きく変化させながら外国人労働者の増加が続いていることが予感されるだろう。その典型が技能実習生だ。2008年、研修生・技能実習生の77.3%は中国人が占めていた。しかし、2016年の中国人技能実習生の数は40.0%だ。技能実習生で急速に増えているのはベトナム人で全体の34.5%を占めるに至っている（2012年は10.2%を占めているにすぎない）。技能実習生の出身国は急速に多国籍化しており、こうしたことが相まって、**図2**に見られるように、日本で働く外国人の多国籍化も進行している。

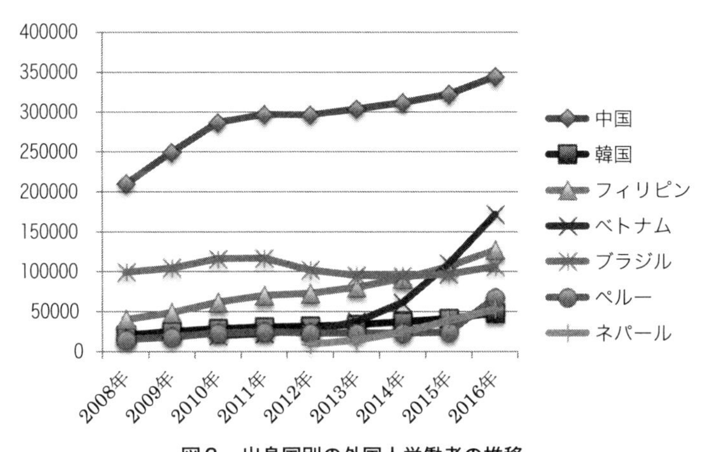

図2　出身国別の外国人労働者の推移

出所：各年度版の厚生労働省「外国人雇用状況調査」。

2．変わる「顔の見えない定住化」──上からの一方的な見える化をどのように考えるのか

筆者らはかつて『顔の見えない定住化』(2005) を公刊し、日系ブラジル人労働者とその家族の日本滞在が、国及び基礎自治体といった行政からも、近隣に共に住む日本人住民からも見えにくくなっているなかで定住化に向かっていることを検討した (梶田・丹野・樋口 2005)。この問題の典型例として出したのが日系人子弟の不就学の問題であった。筆者らが愛知県で調査をしていた1998年から2000年にかけて、日系ブラジル人の多く居住するところでは、どこも同じ問題を抱えていた。その一例が豊田市での出来事であった。保見団地という日系人の集住地域を抱える豊田市が市内に住む学齢期の子どものいる家庭に全戸調査をかけたのだ。市がこうしたことを行ったのは、市内の外国人子弟の不就学が最大で5割程度あると言われていたことに対して危機感を持ったからであった。しかし、全戸調査をかけてみると、本当に不就学になっていたのはおよそ3%程度であることがわかった。日本国内での他市町村への移動や出身国へ帰国したにもかかわらず、外国人登録が残り続けていた故に、その存在すら正確につかめていなかったのだ。[(3)]

同様なことは、就労の面でも言えた。工場に話を聞きに行くと、自社で雇っている者の人数は教えてくれるが、業務請負業を通して入れている部分については作業工程が一括して請負に出されており、その部分の労務管理は業務請負業者が行っていた。また、業務請負業者との契約は部品の購入などを担当する調達部門が行っており、工場の労務担当セクションが関与していないことから、業務請負を通して何人の労働者が工場で働いているのかは、工場の側も知らないこととされていた。[(4)] このように地域からも、雇用の場からも、外国人労働者は見えなくなっている存在であったのだ。それゆえ、我々は「顔の見えない定住化」と呼んだのだった。

ところが、2009年7月6日に出入国管理及び難民認定法 (以下、単に「入管法」と表記) が改正された。この時の改正の主眼は、労働市場との関係で言えば、研修生を整理し技能実習生に一本化することであった。だが、この改正はより根本的な部分での新しい行政的仕組みが意図されていた。いわゆる、「在留の一元化」

である。そしてその在留の一元化に伴い、入管法と同時期に作られた外国人登録法が廃止されることになった。

外国人登録法では、外国人が国内で移動すると移動先の基礎自治体で登録するものとされてきた。日本人の移動の際には、転出届と転入届が義務付けられている。これにより、移動元と移動先の基礎自治体のどちらかで手続き忘れがあっても、手続きの行われなかった自治体でも把握できる。しかし、外国人登録は転入先基礎自治体でのみ行われるものであったから、本人がこれを怠ってしまうと、行政機関は彼・彼女の行方を知ることができなかった。そこで日本政府は外国人登録を廃止し、外国人住民も住民票に記載することとし、日本人と同様に転出・転入の双方でチェックのかかる仕組みに落とし込んだのである。

その上で、外国人登録証に代わって在留カードを発行することにし、在留カードは有効な在留資格を所持した人に発行することとした。それまでの外国人登録証が、超過滞在者であっても居住の実態があれば出されていたのに対して、在留カード制は不法残留者が発生しないよう意図されたものになっていたのである。また、在留カード制のもとでマイナンバーも与えられることになり、外国人の家族の状況や納税状況、健康保険の加入状況とその支払い状況、そして就労先等も追跡可能になった。まさに一元管理なのだ。

筆者が一元管理の現実に気付かせられたのは、浜松市が2015年に行った多文化共生に関する「浜松市における日本人市民及び外国人市民の意識実態調査（以下、これを「浜松市市民意識調査」と表記する）」と関わった時であった。この調査は市内に居住する外国人を国別の居住者人口に比例させてサンプリングした2,000ケース、そして日本人住民のサンプル1,000ケース、合計3,000ケースに質問紙調査で実施された[(5)]。浜松市と筆者は質問項目などで入念な打ち合わせをして本調査を行った。だが、実際に調査を行ってみると、複数の誤った回答と思われる結果が出てきた。子供の就学状況を聞いた質問や、学校卒業後の子供の進路を尋ねた項目でそれが顕著であった[(6)]。

何が誤った回答なのかといえば、質問項目での子供の就学状況は日本に居住する子供の状況を聞いたものであった。しかし、ここに本国に残してきてしまった（あるいは帰国させた）子供の就学状況も含めた回答が複数発生していた。同様に、子供の進路や不就学（日本人子弟の場合の不登校）についての質問でも、国内にいる子供と外国にいる子供の両方が区別されることなく重なって回答されていた。無記名の質問紙調査であるから個票に誤りがあるかどうかは判断できない。しかし、国別回答になっていることもあって、浜松市は市の把握する市内の小中学校や保育園・幼稚園に通っている子供の数と明らかな齟齬があるとすぐに気づいた。ある意味、就学に関する質問の一部はあえてしなくても、市は市内在住外国人子弟の状況を細かく把握してしまっているのである。基礎自治体の対象とする住民サービスへの基本的ニーズを、今や、行政サイドは在留の一元管理によって正確に把握している[(7)]。かつて、筆者らが「顔の見えない定住化」として定義したものはもはやないのだ。それよりも、2015年の「浜松市市民意識調査」から見えてきたのは、行政サイドでの見える化が一方的に進行した割に、居住の場における日本人住民と外国人住民との間の交流の少なさであり、この部分では依然として「顔の見えない定住化」が定着しているという実態であった。

3．能力開発が進んでも底辺に固定化される現実

「行政からの顔の見える化」の進行は、外国人住民の置かれた経済的・社会的状況を行政サイドが正確に知ることを可能にさせている。では、このことによって、外国人労働者の雇用問題は正常化に向けて進んだのだろうか。このことを真剣に考えさせる問題が2016年11月7日、毎日新聞の一面によって伝えられた。

この日の毎日新聞の一面に踊っていたのは「廃炉　外国人に偽装請負か　汚染水対策人手不足」との大見出しだった。福島第一原発の廃炉作業＝汚染水を貯めるタンクの製造に日系二世のブラジル人が三次下請で入っており、その三次下請業者の元で日系ブラジル人が偽装請負で就労していることを伝えるものだ。一面では発注者東京電力から四次下請で働く労働者に至る下請構造が紹介され、社会面では「我々がやるしかない」との大見出しで三次下請業者やその下で偽装請負労働者として働くブラジル人労働者の生の声が伝えられていた。

この記事は毎日新聞の関谷俊介記者が一人で調べ上げたものだ。関谷は日系人の就労の仕方についてそれまでにも筆者に取材に来ていた。そうしたこともあり、

筆者はこの記事が出る際に、①三次下請業者の二次下請との請負契約、②三次下請業者が自社の労働者となる四次下請業者との請負契約（事実上の雇用契約）、そして③本人及び労働者の放射線の線量管理簿といった資料のすべてを読ませてもらった。四次下請である労働者とは請負契約となっているが、制服や安全靴はおろか、その他溶接に必要な工具や部材に至るまで三次下請業者が用意し、労働者は労務のみを提供するものであった。そして作業は三次下請業者の指示のもとでするとされているのであるから、明らかに偽装請負であった。しかも、三次下請業者は現場に入るために、親会社には四次下請業者を「社員」として報告もしていた。そして、日系二世の三次下請業者が個々の四次下請業者を社員とし被ばく線量の管理を行っていた。

さて、筆者に原発での外国人偽装請負労働者を問題にしようとの意図はない。2008年の秋のリーマンショック後、いわゆる「派遣切り」の嵐が吹き荒れると、国は2009年4月から失業した日系人労働者とその家族を出身国に送り返す「日系人離職者に対する帰国支援事業」を行うと同時に[(8)]、日本国内に残る者たちを安定した雇用に就かせるための職業教育プログラムを行った。日系人労働者自身の滞在の長期化や、こうした行政からの働きかけもあって、ラテンアメリカから来た日系人労働者で溶接、玉掛け、クレーン、フォークリフトといった様々な資格を持つ労働者は着実に増加している。日系人労働者個人の能力開発は行われ、単純作業労働者から脱するだけの個人的資質が確保されてきているのだ。にもかかわらず、単純作業しかできない者として扱われていた時となんら変わらない雇用条件のもとで現在も働いている者が多数だ。

もちろん、現在の逼迫する労働市場環境の中で、日系人労働者の正社員化を積極的に進めて、戦力化しようとする動きも見られるようになってきた。大手の自動車メーカーの工場に行けば、日系人の正社員労働者を見ることは珍しくはない。静岡の鈴与ロジスティックスなどでは、日系人の配送ドライバー正社員も誕生し、彼らは単に荷物を運ぶドライバーの仕事をするだけでなく、新しい顧客を開拓するルートセールスの活動もこなし始めている。中小企業での日系人労働者の正社員化の例を挙げれば枚挙にいとまがない。しかしながら、数としてみればまだまだ日系人労働者の正規雇用は少数派だ。

関谷の伝える日系人偽装請負原発労働者も、彼らが原発労働者になれたのは溶接の資格を持っていたからであり、技能が評価されてのことなのだ。国はこれまで外国人労働者個人の能力を開発し技能を身につけさせさえすれば、安定した仕事に外国人を結びつけることができるとの発想で施策を進めてきた。しかし、原発偽装請負外国人労働者の存在は、個人に十分な能力をつけさせることはもちろん必要なことだが、それだけでは安定した雇用に就業できないということを物語っている。

4．派遣法改正と「二百円抜き」労働者の存在

日系人労働者は、製造派遣が解禁される前から業務請負業を通して製造現場に送り出されていた。人材派遣業の製造派遣への拡大は、日系人労働者の業務請負業から製造現場への労務配置を追認した感がある。しかし、近年の貧困問題の影響を受けて、拡大の一途をたどっていた派遣労働に対して逆向きの風が吹き始めた。これまでは、自社に登録した労働者を派遣する一般派遣業は、労働者保護の観点から事業者の資産、財務内容、事業所の規模などが厳しく規制された上で、厚生労働大臣から許可を得ることが必要とされていた。これに対して、自社に「常時雇用される労働者」を送り出す特定派遣業は、とりたてて規制もなく届出のみで事業を行えるとされてきた。

しかし、特定派遣業がワーキングプア等の現代の貧困と深く結びついていることが問題視され、2015年9月30日施行の改正労働者派遣法において、改正後3年間は特定派遣業を認めるが、その後は許可制に一本化されることとなった。行政が特定派遣業の蛇口を閉めて、一般派遣業と同レベルの規制をかけることのできる方向にシフトすることを促していることは容易に察しがつく。

ところで、筆者が製造業の工場を回っていると、工場の労務担当者の間から「200円抜き」という言葉を聞くことがしばしばある。この言葉は特定の地域で、特に北関東で聞く機会が多い。「200円抜き」というのは、「労働者の時給＋200円」を一人当たりの派遣単価（一時間あたりの派遣価格）として業者が受け取る仕組みのことだ。一般派遣業からの送り出しでは、労働者保護が徹底されている

ため、事業者の資産審査だけではなく、労働者の保険や年金の費用も欠かすことができない。そのため、一般派遣業からの日系人労働者派遣の場合、派遣単価は「労働者の時給＋700円」以上でないと、派遣業者として事業が成立しないという。それが時給に200円を加えただけの派遣単価であるということは、労働者の健康保険、雇用保険、労災、そして年金が全くカバーされないということだ。

「200円抜き」の業者にインタビューをすると、「新たな特定派遣の登録はできなくなったかもしれないが、許可制の一般派遣業への転換を勧められたことはない」という。法改正の趣旨を考えれば、派遣労働者の権利や福利厚生の引き上げを企図しているはずである。もちろん、一気に特定派遣業を廃止に向かわせるのは、現在そこで働いている者が多数いることを考えれば、いたずらに混乱を引き起こすだけだ。しかしながら、一定の方向性が示されている以上、それに向かうよう行政指導が行われるべきだし、取り残される人々が出ないようにするべきなのは言うまでもない。しかしながら、筆者のインタビュー調査では、「群馬県では多数の日系人労働者が製造現場に派遣されているが、外国人を派遣している一般派遣業は二社しかない」という事業者の声を聞いている。そして、残念ながら二社しかない一般派遣業は、「200円抜き」の業者に対してコスト競争力がない。つまり、労働条件の引き上げを企図して行われた法改正が、かえって不安定度の高い業者に日系人労働者を集積させてしまっているのである。

ところで、この「200円抜き」業者は、日系人労働者が最も集積している静岡・愛知の両県ではほとんど聴くことができない。なぜ、北関東で跋扈するのに東海地方ではこれを抑えることができているのかは考えてもいい課題だろう。これは筆者の仮説だが、リーマンショックの直前、自動車産業での偽装請負が問題になり、国会での論戦でも大手自動車メーカーの責任が問われる声が上がった[(9)]。この時期、ある自動車メーカーの一次下請会の総務部長会で、自社及び自社と取引関係のある下請け企業が業務請負業を活用する場合、送り出される労働者は必ず社会保険（健康保険）に入ったものでなくてはならないとすることを徹底させることが取り決められた。実際に下請け企業には総務部長会の決定事項が通達として回されたという。下請け企業が多岐にわたる大手の自動車メーカーが意識して業務請負業の活用の仕方に範をとると、その雇用力が大きいが故にローカル・

スタンダードを作り出してしまったと考えられる。北関東では、ここまで影響力を持った大きなプレーヤーがいなく、また社会的に叩かれていないこともあって、「200円抜き」といういわば無法地帯が発生していると筆者は仮説を立てている。[10]

5．人口減少対策にはならない日本の外国人労働者受け入れ
──EPA看護・介護士はなぜ定着しないのか

フィリピン、ベトナム、インドネシアとの経済連携協定に基づく看護・介護の技能実習生導入が始まっておよそ10年がたった（フィリピン、インドネシアとは2008年から、ベトナムとは2012年から受け入れている）。名称の上では技能実習生であるがJITCOの元で行われてきた技能実習生とは全く仕組みのことなる技能実習生だ。通常の技能実習生がローテーション政策の元で運用されていることから、実習期間が修了すると技能実習生は必ず帰国しなくてはならない。条件によっては再技能実習のチャンスがないわけではないが、これも一度帰国した上で可能となるものだ。これに比べると、看護・介護の技能実習生は日本で国家試験を受けて合格すると、帰国することなく、在留資格「医療」に在留資格が変更されて労働者として働くことが可能になる。それゆえ、技能を身につけに来た技能実習生にそれを身につけさせて労働者にする仕組みであることから、人によっては「育成型受け入れ」などと呼ぶ者もある。しかも、ハードルの高い国家試験であることを予定していることから、この技能実習はもともと最大で5年滞在できるものとされていた。

すでに看護師・介護士合わせて2000人以上の合格者を出しており、一定の人材確保手段にはなってきている。しかし、筆者がこれら外国人看護師・介護士を受け入れた事業所を訪ねて行くと、違った姿が見えてくる。それは仕事をしながらハードな受験勉強をしてやっとの思いでパスした国家資格であるにもかかわらず、辞めていく者が少なくないのだ。これは一般社団法人外国人看護師・介護福祉士支援協議会が公表しているデータからも窺い知ることができる。[11]

筆者の聞き取り調査から出てくる主な離職のパターンは二タイプある。パターン1が結婚だ。看護師の技能実習生の場合、本国ですでに看護師資格を持った者

たちだ。そのため彼女たちが日本に来て看護師資格を取得する頃にはすでに20代の後半に差し掛かっている。東南アジア諸国の国々からすれば、結婚適齢期の終盤に差し掛かっている。この者たちが資格取得後二、三年で結婚する時、多くは同国人の夫を持つことになる。[(12)]夫は在留資格「医療」の外国人の配偶者として、日本での在留資格を得ることになるのだが、この配偶者の在留資格ではフルタイムで就労することはできない。働こうとすると、コンビニや居酒屋で働く留学生と同じように、「資格外活動」の許可を取って、その上で週28時間までしか働くことができない。夫からすると、妻は専門職でやりがいを持って働くことができるかもしれないが、自分にはそれがなく、このことに耐え切れず帰国を選択する。そして、妻もまたこれに続くというものだ。

パターン2は、日本の厳しい国家資格をパスした能力とその高い日本語能力が認められて、日系企業の海外現地法人の雇用に向かっていくというものだ。この場合は、医療とは全く異なる職種に就くことも多い。転職の理由は日本の医療機関や高齢者福祉施設よりも高い俸給が約束されていたからであった。このパターン2はしばしばパターン1とセットになる場合がある。

2006年9月22日に河野太郎法務副大臣（当時）の「今後の外国人労働者の受け入れに関するプロジェクトチーム（以下、このプロジェクトチームを「河野PT」と表記。)」が、これまでの外国人労働者の受け入れは失敗と捉える発表を行った。そこでは「開発途上国への技術移転のための制度である研修・技能実習制度で受け入れた者や日本人との血のつながりに着目して定住目的で受け入れた日系人がいわゆる単純労働者の代替として利用されてきた面があることも事実である。こうした本音と建前の乖離が、外国人の受入れ体制を不備あるいは不十分なものとし、受け入れられた外国人、受け入れられた外国人を隣人として迎えることとなる地域社会の双方にとって不幸な結果をもたらしている。今こそ、このような現実から目を背けず、外国人の受入れ問題を 国全体の問題として真剣に考えるべき時であり、その中で、本音と建前の乖離を解消し、本音に近づけるべき制度は本音に合わせて制度を再構築し、建前が正しい制度は建前に沿って不正を許さない運用を行うべきである」との評価が行われた。[(13)]

この河野PTによる評価は、その後の日本の外国人労働者の受け入れの基本方針となっていると言っていいだろう。主たる政策目標をいかにして家族帯同をさせないで外国人を受け入れるのかにシフトさせたのだ。その結果、技能実習生は倍増することになった。そして、日系ブラジル人のあり方を見ればわかるように日系人も技能実習生化が急速に進んでいるのだ。2008年末、ブラジル人はおよそ31万6千人が日本に滞在していた。それが瞬く間に減少し2015年には17万人台にまで減少した。2016年は若干回復し18万人台になった。ところが、この間のブラジル人労働者は実はそれほど変化していない。図2を見れば明らかなように10万人から11万人の労働者が常にこの間も働いていたのだ。滞日総人口が31万6千人から18万人台、最小値で17万人台にまで減少するということはほぼ40％の人口減少である。しかし、ブラジル人の日本滞在の総人口が4割減ったにもかかわらず、労働人口で見れば多少の変動はあってもほとんど横ばいだ。このことが意味するのは、滞在人口に占める労働力率が急速に上がったということなのだ。

「日系人の受け入れは失敗」という政府の評価は、結局のところ、労働力は欲しいけれど、労働力にならない部分の外国人はいらない、ということなのだろう。技能実習生というとついそのローテーション政策の側面から「必ず返す」ということに目が向きがちだ。しかし、それ以上に日本政府にとって重要なことは「労働力以外の部分がない」=「100％労働力化したセグメント」であるということなのではないか。そして、もし労働力化が100％に近づくならば、その上でその労働力が長期に存在するものであっても構わない、ということであると思われる。それゆえに、原則3年の滞在期間は、近年の改正によって5年まで可能なものとなってきているし、再研修も2年可能になった。再研修まで含めれば単身外国人労働者の受け入れは最大7年になったとも言える。そして、日系人労働者の動向から見る限り政府の思惑は相当程度にうまく回っているのだ。

しかし、まさにこの思惑があるからこそ、看護師・介護士の受け入れで、せっかく教育投資を行い、日本で国家資格まで取らせた者の日本からの帰国が避けられない。もし、外国人労働者に長期に滞在してもらおうと思ったら、それは家族として存在することを許容する以外に道はないのだ。だが、政府は家族の受け入れは移民につながると考えている。1992年に第一次出入国管理基本計画が始まってから2015年の第五次出入国管理基本計画に至るまで、出入国管理基本計画の中で議論されてきているのは、難民を除けば、移民化させない受け入れのあり方だ。[14] しかし、移民化するかどうかはさておき、家族滞在を避けようとする外国人の受け入れでは、外国人が長期に日本に滞在する蓋然性は極めて低く、現在の外国人労働者に対する需要が少子高齢化の元での人口減少であるという事実であるにもかかわらず、それに対する処方箋にはなりえないのである。

6．結語に変えて──永遠のイタチごっこはなぜ続くのか

戦後の日本が出入国管理令と外国人登録令（後にそれぞれ入管法と外国人登録法になっていく）を設置するきっかけとなったのは、GHQからの対日指令に基づいてだ。最初に1946年4月2日に「外国人の日本入国と登録に関する覚書（Memorandum Concerning Entry and Registration Non-Japanese Nationals in Japan）」（GHQ対日指令852号）が出される。この指令の第一項は「占領軍部隊に属さない外国人が、随時日本へ入国する許可を與へられることがある。これらの者は、半永久的に日本に居住するであろう。現在外国には日本領事が駐在せず、従って旅行査証を受けとることが出来ないために、合法的な入国居住手続の設定が必要になる」となっている。（最高裁判所事務総局渉外課 1950: 361）。

占領軍部隊に属さなく、随時日本に入ってきて、半永久的に日本に居住する者が誰であるかはその後の経緯を見ていくとはっきりする。1947年2月25日に「中華民国人の登録に関する覚書（Memorandum for Registration of Chinese Nationals）」（GHQ対日指令1543号）が出されて、これを受ける形で勅令第207号として「外国人登録令」が1947年5月2日に公布される。[15] 外国人登録令とその施行規則は旧憲法下での最後の勅令でもあった。外国人登録のあり方が定まったのを受けて、GHQは1949年6月22日に「出入国管理機関の設置に関する覚書（Memorandum Concerning Establishment of Immigration Service）」（GHQ対日指令2019号）を出し、そこから政令299号「出入国の管理に関する政令」がポツダム政令として8月10日に公布されていくのだ。そして朝鮮戦争の勃発に際しては、GHQが1950年1月11日に「外国人登録に使用される韓国の名称について（Use of Name for

Korea in Forthcoming Registration of Aliens)」を出し、外国人登録令はこれを受けての改定も行われた。半永久的に日本に居住し続ける外国人が植民地出身者と想定されていることは容易に察することができる。

このように入管法と外国人登録法の出発点には、外国人かもしれないが家族で半永久的に住んでいく者が想定されていた。しかし、その後、難民条約の批准に伴って難民については家族での受け入れを当然としたが、それ以外の者が家族で住むことは決して当然と想定されているものではない。唯一の例外は日本人と国際結婚した者であろう。そして、この延長として、「永住」及び「定住」ビザを持つ者と結婚した者が措定された。それが「日系人」だ。

この日系人が家族を伴って労働市場に現れたが、バブル景気に沸く時期の入管法改正であったこともあり、極めてスムースに受け入れられた[(16)]。しかし、2008年のリーマンショックによる「派遣切り」問題の発生時に、家族を伴う労働者に対する評価は極めてネガティブなものに変わってしまった。1990年の入管法改正以後、日本では景気が良くなると「外国人導入」が叫ばれ、経済の伸びが鈍化してくるとそれが収まるということの繰り返しであった。そのため、外国人の受け入れをどうするのかについて、一貫した議論はほとんど行われていない。むしろ、市場に任せてしまったことにより、もっぱら外国人労働市場の動向は日本に外国人労働者を送り込むエージェントに対する締め付けを強めたり、弱めたりすることで行われている感が強い。いわば、労働者個人をコントロールするのではなくて、エージェントをコントロールする間接統治のような状況だ。

必要な労働力を取り込むという点では、この間接統治のメカニズムは極めてよく機能している。図2が示すように、労働者として働く外国人の国籍が急速に変化しているにもかかわらず、生産点での混乱はほとんど聞こえてこない。しかし、エージェント（日系人の場合は業務請負業者、技能実習生の場合は技能実習生受け入れの監理団体（第一次受入機関））を通しての間接統治は、労働者個人に発生している諸問題を解決する能力はない。また、原発日系人労働者の例からもわかるように個人が能力をつけたとしても、エージェントを通しての労働市場が支配的であると、個人が非正規から逃れる道は容易に見つからない。その結果、いつまでたっても外国人労働者も幸せにならなければ、労働者を受け入れた地域社会も幸せにならず、彼・彼女たちを受け入れる生産点は常に過当競争の中で安価な労働力を求めるという構造にロックインされ続けるのである。

〔謝辞〕

本論文は日本学術振興会科研費基盤研究(B)および科研費挑戦的萌芽研究の助成を受けている。

〔注〕

(1) 2017年5月12日のサンパウロで発行されている「ニッケイ新聞」の一面には「四世ビザ解禁に条件付賛成　日本人並みの高校卒業率達成が前提」という記事が七段抜きで出た。自民党の一億総活躍推進本部の提言の中に特に推進すべき取組の一つとして「外国人留学生と日系人の活躍」の項目があった。そこで日系四世に対するワーキングホリデー制度の創設が書き込まれたことに端を発していた。このように、すでにブラジルでは日系四世の就労解禁であるかのような方向で情報伝達が始まっている。ブラジルでも期待を集めた自民党の「一億総活躍社会の構築に向けた提言」(2017年5月10日)は以下のURLで確認できる(https://jimin.ncss.nifty.com/pdf/news/policy/134900_1.pdf)2017年5月12日確認。

(2) 図1及び図2は各年の10月末日時点の厚生労働省・外国人雇用状況調査結果の数値に基づく。

(3) 梶田・丹野・樋口(2005)の第九章「市場と地域社会の相克:社会問題の発生メカニズム」に詳しく論じた。

(4) 丹野(2007)の「序章　外国人雇用の実態と社会的無関心」に事例を挙げて論じた。

(5) 浜松市は1990年の入管法改正で日系ブラジル人が急増していこう、定期的に日系外国人生活実態調査を定期的に行ってきた。しかし、2008年のリーマンショック以後、日系ブラジル人の帰国があいつぎ、2016年末人口は2008年比の50%程度に過ぎない。その一方で2010年頃からブラジル以外の国籍国者が増え始めたこともあって、これまで行ってきた市の外国人調査を日系人だけとするものから、他の国々の人々も加えたものとし、同時に日本人住民の側の意識についても調査することとした。

(6) 本調査の結果は浜松市ホームページで見ることができる。調査報告書全体がここからダウンロードすることもできる。(http://www.city.hamamatsu.shizuoka.jp/kokusai/kokusai/kokusaitoppage.html)2017年5月12日確認。

(7) ただし、市が提供する住民サービスに対する外国人住民の満足度などの主観的評価はこうした調査をしない限り把握できない。

(8) 日系人離職者帰国支援事業がどのようなものであったのかは以下のURLを参照して欲しい。(http://www.mhlw.go.jp/houdou/2009/03/h0331-10.html)2017年5月12日確認。

(9) 2006年12月6日の衆議院・経済産業委員会で取り上げられた(第165回国会　経済産業委員会第7号)。第165回国会・経済産業委員会第7号はhttp://www.shugiin.go.jp/internet/itdb_kaigiroku.nsf/html/kaigiroku/009816520061206007.htmで確認できる。2006年12月6日に取り上げられた事件は、特定派遣を失くしていく方向での労働者派遣法改正の際の2015

年6月2日の衆議院・厚生労働委員会でも言及されている（第189回国会　厚生労働委員会第19号）。第189回国会・厚生労働委員会第19号はhttp://www.shugiin.go.jp/internet/itdb_kaigiroku.nsf/html/kaigiroku/009718920150602019.htmで確認できる。

(10)　筆者がこの「200円抜き」業者の世界を無法地帯と表現するのは、一般派遣業者では見ることのできない、難民申請中の元技能実習生の存在を見てきたからである。

(11)　一般社団法人外国人看護師・介護福祉士支援協議会の調査結果については以下のURLアドレスを参照してほしい。（http://www.bimaconc.jp/jittaichosa.html）2017年5月12日確認。

(12)　家族が配偶者を用意することが多いと聞く。

(13)　河野PTがどのような結論に達したかは、現在では総合研究開発機構（NIRA）のURLで確認できる（http://www.nira.or.jp/past/newsj/kanren/180/182/pdf/03_jpn.pdf）2017年5月12日確認。ここでいう「外国人を隣人として迎えることとなる地域社会」にとっても不幸な結果を迎えたというのは、日系人の集住地区を抱えた地域での社会問題を指していると思われる。

(14)　移民化させないという原則があるから、難民の受け入れも極端に少ない数になっていると筆者には思われる。

(15)　同時に「外国人登録令施行規則」が勅令208号として公布されている。日本国憲法の施行日の一日前だ。大日本帝国憲法の下で植民地の者も日本国民＝日本人としてきたが、新憲法の下では当然に植民地は独立するものとして予定されていたのであるから、新憲法下で日本国民ではなくなる植民地出身者の位置付けを一足先に決めておく必要があって、新憲法施行前日の公布となったのであろう。外国人登録令及び外国人登録令施行規則は公布と同時に即日施行されている。

(16)　その後、バブル景気は崩壊し日本経済は長期の低迷期に入った。しかし、この経済の低迷はかえって企業のリストラクチャリングを広範な社会現象としたことで、日系人労働者に対する労働力需要は拡大したのであった。

〔参考文献〕

梶田孝道・丹野清人・樋口直人（2005）『顔の見えない定住化』名古屋大学出版会。

北川由紀彦・丹野清人（2016）『移動と定住の社会学』放送大学教育振興会。

最高裁判所事務総局渉外課（1950）『渉外資料第九号　出入国関係法例集』最高裁判所事務総局。

丹野清人（2007）『越境する雇用システムと外国人労働者』東京大学出版会。

丹野清人（2013）『国籍の境界を考える―日本人、日系人、在日を隔てる法と社会の壁』吉田書店。

丹野清人（2017）「日系人労働者を制度変更のはざまに取り残すな」外国人人権法連絡会編『日本における外国人・民族的マイノリティ人権白書　2017年』外国人人権法連絡会。

中村二郎・内藤久裕・神林流・川口大司・町北朋洋（2009）『日本の外国人労働力―経済学からの検証』日本経済新聞社。

日本労働社会学会年報第28号〔2017年〕

人口減少下の労働問題のポイントは何か

——特集報告へのコメント——

宮本　みち子
(放送大学)

はじめに

少子化にともなう若年人口の減少、高齢化にともなう医療・介護ニーズの増大、景気拡大等を背景にして人手不足が顕在化しつつある。『一億総活躍社会』という政策はその反映だった。このような動向を踏まえて、シンポジウムでは、「人口減少問題と企業社会」「女性の雇用」「高齢者の雇用」「外国人労働者」という4つのテーマで、今日本で何が進行しているか、何をどのように打開するべきかが論じられた。

そこで本稿は、コメントを3点にまとめて述べていくことにする。まず、木下報告と清山報告を受けて、女性の参画という政策目標の裏で進む女性の貧困化の問題についてコメントする。1990年代から顕著になった若年女性の就労化には、女性非正規雇用労働者の増加という特徴があり、しかも非婚化を伴っていた。そのことが、脆弱な生活基盤しかもてない女性たちの増加をもたらしていることに警鐘を鳴らし、『総活躍の推進』は社会的格差に歯止めをかける政策と一体化した展開が必要であることを述べたい。

つぎに高木報告を受けて、高齢者の就労率は上昇しているがスムーズに再雇用が進んでいるわけではないこと、高齢の生活困窮者世帯の増加は解決の必要な深刻な問題であることを指摘したい。この2点に加えて、社会参画を進めるための教育や職業訓練などの人的資源投資が重要であることを述べる。

あらゆる層の就労化を推進するという社会政策は、解体の危機にある中間層の生活基盤を再構築することと結びつかなければならないというのが筆者のコメントのスタンスである。

若年女性の労働と家庭からの排除と貧困

まず第一点目としてとりあげた女性の貧困化に関するコメントである。木下報告は、政府が「少子高齢化」問題に取り組むとしたこと自体は評価されなければならないとしつつ、「活躍プラン」も、また従来からの政府の少子化対策も、何故、どのようにして人口減少が生じているのかについて根本的な検討を加えていないとし、人口減少の原因は出生率の低下であるが、その低下を引き起こしているのはこれまでの日本社会そのものであり、独特の働き方と家族のあり方をつくり出している企業本位の社会モデルの転換なしには出生率の低下に歯止めはかからないと論じた。

清山報告は、女性の参画にフォーカスして、近年の採用難等を背景に女性活躍推進法が女性の活躍・就業継続への取り組みを加速していること、その中で正社員の継続就業率の改善や幹部登用が進むのではないかと期待する。その一方で、非正規雇用については、無期雇用化の動きと労働契約法の目的を形骸化する動きが混在し、労働力確保・能力活用の観点では継続就業への動きは加速しつつも安定雇用の拡大は容易ではないと指摘する。全体的には、経済的理由により、転職しながらも働きつづけるという状況がこれまで以上に広がるだろうと予想し、どのような環境整備が必要かを指摘した。

『一億総活躍社会』政策には感覚的に拒否的反応が少なくない。労働力不足に対処するために非労働力の状態にある人々を強制的に労働力化しようとしているのではないかと感じられるからだろう。それに加えて、標語の通りに希望するすべての人々が参画できる社会になるためには大改革が必要なのだが、その道筋が見えないという不信からだろう。恵まれた一部の人々の参画推進の背後で多くの人々が不安定雇用等で取り残されるのではないかという危惧があるものと思われる。特に重要な点は、改革は進められているものの、旧社会モデルの残滓を抱えたままの部分的改革に留まり、大胆な社会モデルの転換に至っていない点に苛立ちがあることが報告にも示されている。

若年女性の貧困化

そこで若年女性に焦点を当てて、どのような実態があるのかを述べたい。1980年代の非正規労働は、その大半が主婦のパートタイマーであり、非正規労働の問題は既婚女性の労働問題であった。「女性労働の家族依存モデル（女性が家族に包摂されることを前提に女性労働を組み立てるモデル）」が、若い男性にまで広がってきたために、問題は若い男性に焦点化されることになったのである。

欧米の場合、女性解放運動が活発化したのは1960年代後半であったが、この時点では雇用労働はフルタイムが一般的であり、労働への包摂が可能だった時期に女性の労働による自立がめざされたのである。ニューエコノミーの浸透による非正規労働の拡大はこの後に起こり、低賃金不安定労働の拡大に対する社会政策的対応はジェンダーの別なく展開された。これに対して、日本では、男女雇用機会均等法の成立が1985年で、女性が正社員として働き続けることを目指す動きと非正規雇用の拡大が、90年代に同時に生じることになった。労働での包摂が難しくなる時期に労働での包摂をめざすという矛盾した状況に陥ったのである。その結果、一握りの恵まれた働く女性たちの対極に、非正規・低賃金の女性労働者が増加した。

女性雇用者数は、1997年から2007年の10年間に254万人増加した。ところがその内訳をみると、女性正社員は123万人減少する一方で、女性非正社員は377万人増加と、非正規労働で働く女性が急増した。その結果、女性雇用者のうち非正社員の割合は、41％から55％へ上昇した。既婚者、未婚者別にみると、既婚女性の場合は正社員が47万人減少する一方で、非正社員は183万人増加した。また、未婚女性の場合は、正社員が76万人減少する一方で、非正社員は194万人増加した。

しかも、家族という側面からみるとこの10年で若年女性の状況は大きく変化している。男性の不安定雇用化と所得低下に対応して、生計を支えることのできる配偶者に出会えない女性が増加した。非婚化は経済格差と一体となって進んだのである。結婚はもはやセーフティ・ネットではなくなった。「結婚しない」「結婚しても夫の収入では暮らせない」「夫の暴力に悩んでいる」「子どもや親を一人で支える必要がある」などの事情を抱えた女性が増えている。ところが、自活できる経済力のある女性はわずかにとどまる。貧困化する女性たちはまさしく構造的制約のなかで、セーフティ・ネットのない状態に落ち込んでいる。結婚して自分自身の家族を形成することが自明のことではなくなったのである。このような女性たちの特徴を、筆者等は「労働と家庭からの排除」ととらえてきた（小杉・宮本 2015）。

壮年単身女性の貧困化

これらの不安定な雇用状況にある若者期の女性たちのその後を推測するには、壮年期に達した女性たちの状況を知ることが有効である。公益財団法人横浜市男女共同参画推進室等による『非正規職シングル女性の社会的支援に向けたニーズ調査報告書』は、非正規職で働くシングル女性の仕事と生活の実態を知る優れた調査研究である（公益財団法人横浜市男女共同参画推進室等2016）。この報告書で記述されている35〜40歳代の女性たちの回答に着目したい。

調査結果によると、現在の悩みや不安として、全対象者の8割以上が「仕事」、「老後の生活」を、約6割が「健康」を、約5割が「家族の世話・介護」、「独身であること」をあげている。報告書で、「国民生活に関する世論調査」（2015年）と本調査の30〜49歳の女性の回答を比較した結果、世論調査では、約7割が「所得・収入」に対して“満足”と回答したのに比して、この調査では経済的な“ゆとりがない”と回答した者の割合が8割にのぼっている点に大きな違いがあった。生活満足度に関して、世論調査では約7割が“満足”と回答したのに比して、この調査対象者では約25％と著しく低く、“不満”が約7割にのぼっていた。つまり、非正規シングル女性は、同世代の女性たちと比べて経済的満足度と生活満足度がともに著しく低いことが示されている。すでに壮年に達している女性たちの貧困リスクを軽視することはできない。それを放置すれば、将来、身寄りの少ない貧困な女性高齢者が急増する時代に突入することが危惧される。その事態を未然に防止するための支援策を早急に検討していく必要がある。

日本の標準とされた性役割分業を基本とする家族は、女性を家事・育児に縛りつけるという問題をもっていたが、それと引き換えに女性に経済的安定と家庭という帰属先を保障し、高い生活満足度を確保してきた。ところが今や、仕事の世界も家族の世界も急激に変化し、不安定な生活基盤と帰属する家庭という場のなさに悩む女性が増加し、その傾向は年齢が若くなるほど顕著になっているのである（宮本 2017）。非正規職シングル女性は、大幅な政策の転換が生じない限りは今後も増え続けることが予想される。『女性の活躍社会』という戦略は、未婚・既婚にかかわらず低賃金の不安定就業を続けざるをえない生活基盤の脆弱な女性たちが増えている現実を十分認識して進めるべきである。

西澤晃彦（2015）によれば、格差拡大という分極化圧力に対して踏みとどまろうとする家族単位の「生活構造の抵抗」が多数派の生活の基調となっているが、低所得層を中心として生涯未婚率が上昇することによって、「生活構造の抵抗」が必要な人々が、「生活構造の抵抗」の単位（つまり家族世帯）を持ちにくくなっているという。また、婚姻状況・家族形態と貧困リスクを分析した鹿又伸夫（2014）は、1995年2005年のSSM調査データを用いて、社会階層要因（本人とその配偶者の学歴、就労と職業）の影響を統制して、「婚姻状況と家族形態」と貧困リスクとの関連を検討している。分析結果のなかでつぎのような知見が示されている。

貧困のリスクが高いのは、男性の場合は高年の未婚者で、55〜70歳の高年段階では顕著である。これらの男性たちは、所得が低く将来の所得増加も見込めなくて貧困リスクがもともと高いために結婚しない（結婚できない）層で、未婚が継続する結果である。他方女性の場合、どの年齢段階でも単独居住は貧困リスクが高めである。その理由は他の就業可能な家族員がいて貧困リスクが分散されたり低減されることがないため、つまり相互扶助関係をもてないためである。婚姻率が低下していることは、労働市場が悪化していると同時に、貧困に対する抵抗力のない人々を増加させるという点で今の状況は二重のリスクを内包しているといえるだろう。

高齢者再雇用システムと高齢者の貧困化

つぎに、第2点目としてとりあげた高齢者雇用に係る格差について述べたい。高木報告は、労働力不足時代に期待される高齢者雇用の拡大にフォーカスする。

仮に60歳前半層の雇用確保措置を義務づける段階に至ったとしても、実際には雇用される人とされない人の選別が、明示的あるいは暗示的に行われていくと考えねばならない。そこで高木報告は、雇用・不雇用の選抜における摩擦を回避するために「すりかえ合意」というメカニズムがあることに着目する。従来企業で働き続けたくとも、自分が望まれてはいないと予見した場合には、自分の真意をすりかえて、周囲からも期待されている二次選択（引退）を受け入れ、更には主体的にそれを選択し引退に合意していくというものである。その知見をもって労働者が60歳を超えて働き続けるために早期からの主体的なキャリア形成が必要であることを示唆した。

「すりかえ合意」という内在化したメカニズムによって、定年後の身の振り方を平和裏に受け入れていくという高木の分析は興味深いが、高齢者雇用の実態をみる限りこのモデルが適用可能な範囲は大企業などに限定的ではないだろうか。外部労働市場の形成が未発達な中で、そこから漏れる人々はその後どうしているのかの分析がほしいところである。それを含めて、定年後も働き続けている人々の実態から課題を抽出する作業が必要ではなかろうか。たとえば黒田（2017: 57）によれば、正社員で働いていた大卒雇用者が定年にさしかかると、多くは非正規社員として働き続けることを希望する。そのためこの年齢層の大卒非正規雇用市場は一気に超過供給が生じる。その結果、高年齢・高学歴の非正規雇用の賃金自体が大きく下落しているという。高学歴者に限らず、非正規雇用高齢者の労働供給が増え続ける限り、非正規賃金の減少圧力は今後も継続することが予想される。

これらを含め、高齢者のくらしの実態は楽観を許さないものがある。高齢の困窮者世帯が増えている。星（2017）の分析によれば、生活困窮および予備軍の世帯は、2012年時点で400万世帯を超え、2030年には500万世帯以上に達すると推計されている。しかも、1950〜1960年代前半に生まれた世代では、この間の経済危機のたびに減給やリストラなどの対象となり、年金や貯蓄といった老後資金を十分に積み上げられなかった者が少なくない。これらの世代を含め、今後、高年齢層には低年金・無年金層だけでなく、預貯金があっても平均寿命の年齢までに底をつくケースなどが少なくない。これらの人々には何らかの補填が必要な状態である。

高齢者の就労率は目覚ましく上昇しているが、定年後の高齢者を制度によって再雇用する現在の方法の有効性は限定的だといわざるをえない。内部労働市場中心の施策を転じる必要がある。そのひとつが基礎自治体の役割の強化で、これまで就労にほとんど関与してこなかった基礎自治体による地域での就労支援が不可欠である。筆者がヒヤリングした西岡正次氏（A'ワーク創造館＝大阪地域職業訓練センター就労支援室長）は、日々の相談現場から伺える退職後の高齢者雇用に関して2つの特徴を指摘している。第一は、職業経験にこだわって再就職の選択肢を狭め、再就職につながらない、あるいは継続しないケースが多い。このようなケースの場合は、本人と企業の間に支援を挟んでマッチングを進めることが必要で、それがないと再就職はうまくいかない。第2に、住宅ローンや子どもの教育ローンなどを抱え、リタイア後もまとまった収入を希望するケースが少なくないが、雇用市場で条件に合致するような仕事を自力で見つけることは難しい。このような現状に対しては経験やスキルの棚卸しなどの自己理解、選択肢を広げた職業理解ができるような支援を丁寧にすることや、労使の2者間調整、マッチングを補完する支援、自治体等の人材紹介機能が問われているという。なかでも、退職者の個々の能力や特性、課題等に対応した「オーダーメイド型」支援が重視されつつあり、自治体が独自に求人や就労体験、就労訓練事業などを開発し始め、「無料職業紹介事業」の活用が問われている。職業安定法改正によって、自治体がこの事業を活用する場合も大幅な規制緩和が行われ、各自治体や地域の特性や課題に合わせた就労支援が可能になっている。

企業の再雇用制度ですべての高齢者予備軍を包含することはできない。その点で、地域に根ざして基礎自治体が責任をもって推進する就労支援がもっと必要といえるだろう。

社会参画を進めるための人的資源投資の重要性

3点目として、教育・職業訓練などの人的資源投資の課題を加えたい。川口と原（川口・原 2017: 113）は、人手不足と賃金停滞が併存している現状をつぎのように整理する。高度成長期に強固となった性別による固定的役割分業、急激な賃金カーブと定年退職制といった社会規範や雇用管理制度が、女性や高齢者の就業率を比較的低い水準に押し込めてきた。それが2000年代に入って変化したため、少し賃金があがるだけで、非正規雇用の女性や高齢者が大量に労働市場に参入するようになり、企業は安い賃金でも多くを採用でき、人手不足になっても賃金上昇が抑制されてきた。しかしその趨勢はやがては終息するはずで、2016年時点は日本経済の一種の転換点を迎える前の状態ととらえられるという。

しかし人的資源投資は、全体として停滞状態にある。梅崎（2017）によれば、企業内においては正社員層でも長期的な能力開発が困難になり、しっかりとした労働組織は衰退し、その中核にあった分厚い中間層が崩壊しつつある（梅崎 2017: 87)。川口・原によれば、それを補う企業外での研修やセミナー、実習等に関しても、金融危機以後、正社員・非正社員にかかわらずOff-JT受講者の割合は低下したまま推移している。また自己啓発も同様に低い水準のままである。非正社員の訓練機会はもともと少ないことをみれば、この人たちの訓練機会を増やし、非正規雇用者や専業主婦など労働市場への新規参入者に対する人的資源投資に力点を置く必要がある。

生涯にわたって長く働く時代には、要求される能力が急速に変化することを見すえた能力開発が、人生の折々で必要となる。そのための経済支援と豊富な学びの場が与えられることが必要である。とくに、一定期間学び直しのために休職することを義務づけ、そのための費用を補助金として支出するような社会制度へと転換する必要がある。

おわりに

労働力不足を解決するもうひとつの選択肢は外国人労働力である。丹野報告によれば、「アベノミクス」が始まって以降、外国人労働者人口はほぼ毎年10万人ずつ増加してきたとはいえ、労働市場全体に外国人が与える影響は極めて小さい。いまだに外国人の受け入れに関する一貫した議論はほとんど行われず、市場に任せてしまった。つまり外国人労働市場の動向は、日本に外国人労働者を送り込むエージェントに対する締め付けを、強めたり弱めたりすることで行われている状態であるという。しかし、労働力不足が深刻化するなかで、近年では外国人労働者の導入は社会的にも高く注目されている。

本稿で述べた通り、女性、高齢者など日本人の社会参画に関する抜本的な改革が進まないなかで、外国人労働者へと解決の比重を移してしまうことは問題をさらに大きくすることが危ぶまれる。

「性役割分業」を前提に「男子世帯主の雇用の確保」によって生活保障をしてきた日本社会の構造が機能マヒに陥り、労働力不足が社会発展を阻害する段階にありながらも解決の道のりは遠い。その影響が、子育て期にある現役層、シングルの現役層、定年退職後の初老世代、高齢世代に、それぞれ特有の姿で現れている。『一億総活躍』という社会政策は、このような現象の解決を目指すものでなければならない。

〔参考文献〕

梅崎修（2017）「人材育成力の低下による「分厚い中間層」の崩壊」玄田有史編『人手不足なのになぜ賃金が上がらないのか』慶応義塾大学出版会。

鹿又伸夫（2014）「婚姻状況・家族形態と貧困リスク」『家族社会学研究』VOL.26、No.2。

川口大司・原ひろみ（2017）「人手不足と賃金停滞の併存は経済理論で説明できる」玄田有史編『人手不足なのになぜ賃金が上がらないのか』慶応義塾大学出版会。

黒田啓太（2017）「今も続いている就職氷河期の影響」玄田有史編『人手不足なのになぜ賃金が上がらないのか』慶応義塾大学出版会。

玄田有史（2017）「総括―人手不足期に賃金が上がらなかった理由」玄田有史編『人手不足なのになぜ賃金が上がらないのか』慶応義塾大学出版会。

小杉礼子・宮本みち子（2015）『下層化する女性たち―労働と家庭からの排除と貧困』勁草書房。

公益財団法人横浜市男女共同参画推進室・一般財団法人大阪市男女共同参画のまち創生協会・公立大学法人福岡女子大学野依智子（2016）『非正規職シングル女性の社会的支援に向けたニーズ調査報告書』。

西澤晃彦（2015）『貧困と社会』放送大学教育振興会。

星貴子「高齢者における生活困窮世帯とその予備軍―増勢強まる高齢者の生活困窮世帯―」日本総研Research Focus No.2016-044 2017年3月30日。

宮本みち子（2017）「“失われた20年”の若者世代の貧困―非婚女性の実態から―」『都市社会研究』No.9 せたがや自治政策研究所。

投稿論文

日本労働社会学会年報第28号〔2017年〕

製造業派遣・請負労働の雇用類型

―全国的移動及び移動の制度的媒介に着目して―

今野　晴貴
（一橋大学大学院生）

はじめに

製造業派遣・請負労働は1990年代から2000年代にかけて電機、自動車産業を中心に急速な広がりを見せ[(1)]、2006年以後はいわゆる「偽装請負」の問題が表面化することで社会的に注目を浴びた。また、同年代の貧困問題への社会的関心の広がりを受けて「ワーキングプア」の象徴的存在としても広く認知された。特に、2008年の金融危機においては、当時200万人以上が従事していた同労働者の内、100万人以上が一斉に解雇されることで深刻な社会問題となった。この問題は「派遣切り」や「派遣村」として広く報道され、政権交代の重要な要因ともなった。

だが、社会的な注目を集める一方で、この労働の特殊性の解明が進んだとはいい難い。特に、製造業派遣・請負労働が不安定かつ流動的な労働であることは早くから指摘されていたものの[(2)]、労働者の移動の実態や派遣会社がどのようにこれを媒介していたのかを明らかにした調査研究は少ない。それらを明らかにすることは、後述するように、この新しい労働者類型の性質を学術的に明らかにする上で重要である。

そこで本稿では、2000年代の製造業派遣・請負労働について、リーマンショック期までを対象として、製造業派遣・請負労働者の労働移動の実態を考察する。

1．問題意識及び先行研究

(1) 問題意識

本稿の問題意識は、第一に、製造業派遣・請負労働が労働市場を媒介するいかなる制度・慣行であるのかという点にある。

今日の市場社会において労働が実現されるためには、労働市場において労働者と使用者が取引を行う必要がある。だが、自由市場から確実に労働力を充当することは、労働力の担い手自身がさまざまな個別的事情を抱え、また、労使双方の情報も制約されているために困難である。そのため、労働力取引は、制度・慣行によって媒介されることで確実性を担保されてきた。

転職行動をめぐる社会学的研究ではジョブマッチングを帰結する諸個人の行動が人間関係（パーソナル・ネットワーク）に埋め込まれていることが示唆されている（グラノベター 1998）。また、この流れを汲んだ苅谷＝菅山＝石田（2000）は、個人の意図や意識を離れて作用する「制度」に着目し、日本の中等教育機関と企業とを媒介する入職システムの特徴を「制度的連結」と位置付けた一連の研究を行っている。

こうした視点は、製造業派遣・請負労働を考察する際にも重要である。製造業派遣・請負労働は、複数の就労先を派遣・請負会社が媒介するものであり、制度化・慣行化された労働取引の一つの形態であると考えることができるからである。(3)

本稿の第二の問題意識は、雇用システムをめぐる分析に関係している。転職や入職といった労働力需給調整が制度に媒介されていることと同様に、入職後の労働調整は雇用制度によって媒介されている。日本の雇用制度は典型的雇用である男性正社員の周辺に様々な非正規雇用を配置することで、独自のシステムを形成してきた。仁田・久本（2008）によれば、多様な非正規雇用が歴史的に「雇用ポートフォリオ・システム」を形成し、雇用調整を実現してきたのであり、従来の非正規雇用である臨時工、社外工、パートタイマーなどはそれぞれ独自のグループとしてこのシステムに組み込まれてきた。そして製造業における作業請負労働者もまた、近年顕著に増加している新しい非正規雇用のグループであると指摘されている。また、詳細な実証は行われていないものの、木下（2007）は早くから製造業派遣・請負労働が家計自立型非正規雇用としての労働者属性と、全国的移動に特徴づけられる新しい雇用類型であることを指摘している。

では、新しい雇用類型である製造業派遣・請負労働は、従来の雇用システムや、そこに組み込まれた非正規雇用諸類型とどのような点で異なっているのだろうか。

特に、派遣・請負会社を媒介して行われる頻繁な労働移動は、雇用の継続性（不安定性）にどのような影響をもたらしているのか。また、具体的な労働過程への配置のプロセスは従来の非正規雇用とどのような差異をもっているのだろうか。この点を探ることが本稿の第二の問題意識である。

(2) 先行研究

製造業派遣・請負労働に関する先行研究については、まず、労働者・使用者を対象に大規模なアンケート調査を行った佐藤＝佐野＝藤本＝木村＝山路（2005）や中尾（2004）が挙げられる。前者は労働者のキャリア形成の実態に着目して分析を行い、後者は派遣先企業での派遣労働者の増加プロセスを明らかにしている。また、参与観察に基づいた労働過程の調査研究として戸室（2004, 2007)、企業内労使関係における事例研究としては伊藤（2013）及び禿（2001）を挙げることができる。これらの先行研究によって明らかにされた点は多いが、本研究の関心である労働移動のプロセスがどのように制度化されていったのかという点、また、派遣労働者の雇用類型としての性質については言及がない。

とりわけ本研究の関心に近い研究としては、伍賀（2014）及び丹野（1999, 2007）が挙げられよう。前者は派遣事業のサービスについてその実態を分析し、「雇用主（使用者）責任を代行するという形式」の商品化であると論じており、本稿も基本的にこれらの認識に沿う。しかし、この派遣事業のサービスの内実、すなわち労働移動のプロセスの実態解明はなお不十分であると言わざるを得ない。また、後者は外国人労働者を対象とし、労働移動のプロセス及びこれを媒介するネットワークや請負会社、ブローカー等の役割を詳細に解明している。ただ、対象とする外国人労働者は地域の小規模な請負会社に主に採用されており、本研究とは対象とする労働者層だけではなく、労働市場も異なっている。

以上を踏まえ、本稿は以下の2点を具体的な研究課題として掲げる。

第一に、製造業派遣・請負労働者の労働移動の実態を明らかにすることである。特に、その特徴である全国的労働移動と雇用継続の実態を解明する。

第二に、全国的な労働移動の過程を明らかにする。その際に、派遣・請負労働の特徴である三者関係をなす主体である派遣・請負会社の作用に注目する。そして第三に、製造業派遣・請負労働と従来の非正規雇用類型との比較検討を行う。

2. 調査の概要

上記の課題を明らかにするために、筆者は①労働者へのアンケート調査、②派遣会社側業務担当者への聞き取り調査、③労働者への聞き取り調査を行った。

アンケート調査は労働組合の協力を得て、製造業派遣・請負労働者およそ400人を対象に、自動車及び電機工場前等で行った。調査期間は2008年7月から9月(以下、「労働者アンケート(1)」、250人を対象とした)、同年12月3日から20日(以下、「労働者アンケート(2)」、150人を対象とした)であり、直接工場前で聞き取る方法を中心に行い、一部の労働者には調査票の配布・回収によって行った。調査場所は主として関東地方の工場であり、山口県、静岡県、大分県等でも少数ではあるが同様の方法で調査を行った。

同調査では労働者の出身地、前職、前職の地域、派遣された事業所の数、派遣された地域などについて網羅的に質問項目を設けた。これにより労働者の参入動機を明確に把握すると同時に、参入後の移動の実態をより深く把握することが可能となった。

聞き取り調査は派遣・請負会社の業務担当者1人、派遣・請負労働者17人を対象に行った。業務担当者の調査(以下、「派遣会社側調査」)は2008年8月9日に、派遣・請負労働者の調査(以下、「労働者ヒアリング」)は2008年12月から2009年9月にかけて行った。

派遣会社側調査は、製造派遣・請負業最大手のF社において、2004年12月20日から2006年2月28日までのおよそ一年間、業務担当者(契約社員)として就労した労働者からの聞き取りを通じて行ったものである。この労働者は茨城県内の事業所に配属され、勤務していた。派遣・請負会社側調査の対象は1名と少ないものの、勤務実態についての詳細な情報を有しており、業務の全体像を把握することができる。また、対象とする業務担当者が勤務した派遣・請負会社は業界有数の規模であり、労働者の全国規模の労働移動の実態を把握することができる。

労働者ヒアリングは、労働組合等の協力を得てA、B、C、D工場の派遣労働者に対し、「半ば構造化された調査」の手法を用いて行い、労働者が製造業派遣・請負労働市場に参入するまでの職業経歴の詳細及び参入後の移動の実態を知ることができた。また、同一の職場の複数の労働者から聞き取ることによって、工場ごとの業務の内容や、地理的、業種的に異なる諸特徴を把握することが可能となった。

3．製造業派遣・請負労働の概要

調査結果に入る前に、あらかじめ製造業派遣・請負労働の枠組みを概観しておこう。まず、労働者派遣とは、労働者を雇用する者と、実際に労働者を使用する者が分離し（使用と雇用の分離)、三者間の雇用関係を形成する行為である。(4)

このような三者にまたがる雇用関係は、労働者の身分を不安定にすることに加え、第三者による中間搾取を発生させることなどから、戦後一貫して禁止されてきた。だが、1985年に制定された労働者派遣法によって一定の要件を満たす場合に特定業種で法認され、2003年には製造業にも解禁される法改正が成立した。三者にまたがり労働市場を移動する労働者派遣は、労働市場における需給調整効果が高いとされたことが規制緩和の背後にある、との指摘もある。(5)

また、労働者派遣の業態には、常時雇用する労働者を派遣する「常用型」と、派遣を希望する労働者を登録しておき、派遣の都度、当該派遣労働者との間で派遣期間と同期間の労働契約を締結する形態を想定した「登録型」とがある。(6)後者は前者に比べ雇用の不安定性が高まるために、欠格事由と許可基準が定められており、厚生労働省の認可が必要とされている。

ただし、登録型であっても、合理的な理由がなければ派遣会社は契約期間内に解雇をすることはできない。また、派遣期間中に派遣先に中途解約された場合には、別の派遣先への就業機会の確保を図ることに加え、休業手当の支払いが厚生労働省の指針で求められている。(7)

これらのことからわかるように、派遣法の枠組みでは、常用型であれば長期的に派遣会社が労働者の雇用を維持し、複数の派遣先での就労をつなぎ合わせて長期雇用を確保しうること、登録型では派遣期間ごとの就労を前提に、労働者に幅広い就労機会を確保しうることが想定されている[8]。いわば、「断片的な雇用を一続きにする」ことが法律上の前提になっている。

一方で、請負労働とは請負会社が請負元企業から業務処理請負ないし業務委託契約として業務を請け負うものを指す。請負会社が業務を独立して遂行している場合には、使用と雇用は分離せず、法律上の問題は発生しない。これが本来の請負労働である。

しかし90年代以降、実際には請負元（派遣先）の指揮命令に請負会社の社員が従う「偽装請負」が広く行われていた。製造業で派遣が解禁される2004年以前から、今日で言う「派遣労働」が、「請負労働」という建前の下に行われていたのである。そして、この「偽装請負」が社会問題化した2006年以降は、派遣労働や指揮命令を排除した、本来の請負労働への切り替えが進められてきた。このように、法的に見た場合、製造業派遣・請負労働は「派遣労働」、「本来の請負労働」、「偽装請負」の三者に区別できるが、派遣・請負会社は概してこの三者にまたがって業務を行っており、同一の労働市場を形成しているのである[9]。

4．労働移動の実態及びプロセス

(1) 雇用の継続性と労働移動の関係

労働者派遣法の趣旨からすれば、労働者は継続的に就労先を確保し、これに伴って職場を移動していると位置づけられているが、実際はどうだろうか。まず、派遣労働者の雇用期間と労働移動の関係を調査結果から見ていく。

「労働者アンケート（1)」によれば、労働者の契約期間と勤続期間は**表1**の通りとなった。製造業派遣労働者の雇用契約期間は、3ヶ月間から6ヶ月間と回答した者が大半（72.9%）を占める。一方で、彼らの実際の雇用継続期間は、もっとも多い回答が2年以上（35.6%)、次点が1年以上2年未満（17.1%）であり、契約の反復更新が多い。同様に「労働者ヒアリング」でも、派遣労働者としての勤務年数は全員が2年以上である。

また、「労働者ヒアリング」の調査対象者の詳細なプロフィールをまとめると**表2**の通りとなった。対象者のうち、経験した派遣先数を見ると、17人中7人が

表1　労働者の契約期間と勤続期間

契約期間	度数	%
～2月	21	13.5
3～6月	113	72.9
7～12月	20	12.9
13～月	1	0.6
合　計	155	100

資料：「労働者アンケート(1)」より作成

勤続期間	度数	%
～1月	10	4.9
2～3月	18	8.8
3～4月	16	7.8
5～6月	18	8.8
6～7月	6	2.9
8～10月	19	9.3
11～12月	10	4.9
1年以上2年未満	35	17.1
2年以上	73	35.6
合　計	205	100

3箇所以上の派遣先を経験している。彼らは派遣労働者としては長期間勤続しているが、実際には短期の契約の更新を繰り返しつつ、複数の派遣先を移動しながら働き続けている。

「労働者アンケート（2)」では、労働者が派遣労働者として就業してきた期間と経験した派遣先の数に加え、これまでに勤務した派遣会社の数を併せて聞き取った（**表3**)。

就業期間が2年未満の労働者がこの調査項目の回答者の過半数（77/136）に上っているにもかかわらず、派遣先の数を回答した労働者の半数（51/102）は複数の派遣先を経験している。また、勤務した派遣会社の数は平均1.63であるのに対し、経験した派遣先の数の平均は1.96箇所と上回っており、一つの派遣会社から複数の派遣先に派遣された経験を持つ者が多いことも読み取れる。

以上の結果からは、派遣・請負会社が断片的な雇用を一続きにすることによって、雇用を創出する効果を一定保持しているものと考えられる。すなわち、労働者の派遣先を移動させることで短期間の雇用をつなぎ合わせるということだ。本稿ではそうした派遣会社が労働移動に関与する方法を、業界用語に倣い「スライド」と呼ぶことにする。

表2　労働者の詳細なプロフィール

工　場	識別	従事している労働	年齢（調査時点）	派遣勤務年数（通算）
A工場（長野県）	A-a	CPUの基盤を製造する工程である。基盤の上に配線パターンを作成するため、印刷機に入れて、金属メッキ加工をほどこす。印刷後に機械に入れ、160~180度の中で焼き付ける。露光後、劇薬（硫酸などが含まれる）に漬け、複写されていない金属部分を溶かして「現像」し、洗浄する。危険な労働であるために、A工場の労働者の定着率は低く、労働に耐えることができる一部の労働者が長期勤続となる傾向があった。	35	7年
	A-b		43	6年
	A-c		31	5年
	A-d		34	7年
	A-e		29	6年半
B工場（大分県）	B-a	光学機器の光受容体の製造工程である。標準作業所通りに部品を組み合わせる。はけで接着剤を付け、拡大鏡を見ながら、ピンセットで部品を取り付けていく。一番難しい工程ははんだごてによる接着作業であり、派遣先に社内資格もあったが、一週間の練習で取得することができた。ただし、ピンセットを使った作業のため、手先の器用さはある程度求められる。細かな作業が苦手な2割程度の人は長続きせず、1週間以内に辞めていく。単調な作業や人間関係を理由に辞めていく労働者も多かった。	41	4年
	B-b		27	3年
	B-c		44	5年（中断あり）
	B-d		34	2年
	B-e		29	6年
	B-f		31	3年
C工場（東京都）	C-a	自動車組製造工場である。労働者はさまざまな工程に従事していたが、概して重筋労働である。C-aは部品の運搬を行った。C-bはクランクシャフトの製造工程に従事した。C-eは鉄の素材（ワーク）を機械（NC旋盤）にセットして切削し、ギアを制作した。ワークは20~30キロだったが、重い者では60キロあった。作業を覚えるのには1か月を要した。派遣先企業も途中で辞められると一から教え直さなければならないため、丁寧に仕事を教えられたことが印象的だったという。また、「1か月以上残っていると大切にされる」と感じたという。それにもかかわらず、派遣されてきた労働者のうち、1か月の間に半分以上が辞めていった。	33	4年半
	C-b		40	5年
	C-d		35	5年
	C-e		44	2年
	C-f		26	7年（中断あり）
D工場（群馬県）	D-a	自動車部品工場である。組み立て工程で組み立てられた部品を、130度から160度の熱風の当たる機械に部品をかけて洗浄する工程に従事した。この作業は極めて単純だが、「とにかく暑くてきつい作業」であったという。この作業のきつさから、「残る人が少ないので、なかなか（クビを）切ることができない」という。	46	5年

資料：「労働者ヒアリング」より作成。注：C-cは期間工であるため、今回の分析から外した。

経験した派遣先の数	就労動機	出身地	現在までに派遣された地域
1	・地元で正社員の仕事を探したが見つからず、雇用保険の受給ができないことがきびしかった。 ・前職では雇用保険の受給ができなかったため、すぐに働けるE社に入社した。一時的な職のつもりだった。 ・入職に際し、寮の存在は重要だった。	北海道	長野県
1	・前職（飲食店非正社員）では生活できなかった。 ・年齢面で正社員採用は不可能だった。 ・派遣で長く働くことで正社員化されることに期待していた（再婚の希望もあった）。	栃木県	長野県
1	・アルバイト先である地元の市場が経営者の病気で急に倒産してしまった。 ・仕事をしない状態が長く続くことが怖かった。 ・実家にそれ以上迷惑をかけられないと思った。 ・寮に入って遠くへ行けば、「逃げずに働き続けるしかない状況に自分を追い込める」と思った。	北海道	長野県
1	・寮つきの仕事を探していた。 ・実家との関係は悪く（実の親ではない）、頼るつもりは無かった。 ・勤務初期の、週払いの制度が魅力的だった。子供への仕送りを行わなければならないため。	埼玉県	長野県
1	・実家暮らしのため生活に苦はなかったが、将来が不安だった。 ・求職期間中、土木関連の正社員などさまざまな面接を受けたが採用されなかった。 ・実家を出たいという欲求（自立欲求）もあったので、ちょうどよかった。	北海道	長野県
3	・親と生活している状態は、「居候」のようで精神的に苦痛だった。 ・すぐに自分の収入がほしかった。 ・製造派遣は面接が厳しくなく、手っ取り早かった。 ・正社員へのこだわりはなかった。	福岡県	福岡県→大分県
4	・二年間留年の末中退し、とにかく仕事がしたかった。 ・正社員の募集も探したが、見つけることができなかった。 ・地元（鹿児島）では仕事がなかった。 ・社員登用制度があることから入社することにした。	鹿児島県	愛知県→大分県
4	・寮のあるところを探していた。 ・正社員は年齢的に厳しいと思い、探さなかった。 ・実家からは「帰ってくるな」、といわれた。	大阪府	愛知県→富山県→大分県
1	・給料がよかった。 ・地元には仕事が少なく、あったとしても時給800円など条件があまりに低水準である。 ・当時交際していたパートナーと「カップルで入寮」が可能だった。	愛知県	大分県
3	・初職の退職後、雇用保険を受給しながら地元の仕事を探したが、見つけることができなかった。 ・初職が製造業工程の作業で慣れていたため、同じく製造工程の仕事に就きたいと考えていた。事務・販売・営業などの仕事であれば地元にも求人があったが、できそうにないと思った。	長崎県	長野県→大分県
1	・派遣社員となることへの不安はあったが、正社員登用に期待していた。 ・同じ職場で離職したパートナーと連れ立っての派遣（入居）であり、この仕事への就業を勧めたのは相手方だった。	愛媛県	大分県
2	・30歳が近づいてきたこともあり、何とかして正社員になりたかった。 ・派遣社員であってもまじめにやっていれば派遣会社の正社員になれると思っていた。 ・親との折り合いが悪く、自立したかった。 ・（全国的市場、C社へのスライドを引き受けた理由としては）寮があるため、自立できると思った。	山形県	山形県→東京都
8	・親とそりが合わず、実家から独立したかった。 ・寮があるというのは、魅力的だった。	宮城県	千葉県→愛知県→神奈川県
5	・新聞広告を見て、給与がよさそうだった。 ・親へ送金するため。	青森県	青森県→秋田県→東京都
1	・失業が長く続き、とにかく仕事がしたかった。 ・月給が20万円以上であれば、どの地域でもよかった。	新潟県	東京都
3	・はじめは派遣だとはしらなかった（派遣が何かわからなかった）。 ・両親の離婚でいる場所がなくなったため、寮に入りたかった。 ・時給は1000円だったが残業代で稼ぐことができ、月収30万円近くになった。	愛知県	愛知県→東京都
1	・癌にかかった父親の近くで働きたいと思った。 ・群馬県内の仕事を探したが、年齢が高く、鬱病に罹患していたために就職ができなかった。 ・求人誌で群馬県内の製造業派遣の仕事を知り、応募した。給与が高いことが魅力だった。	群馬県	群馬県

表３　労働者の就業期間、勤務した派遣会社の数、派遣された派遣先の数

派遣労働者としての就業期間	度数
6ヶ月以上	29
6ヶ月以上1年未満	18
1年以上2年未満	30
2年以上3年未満	15
3年以上5年未満	23
5年以上	21
不　明	23
合　計	159

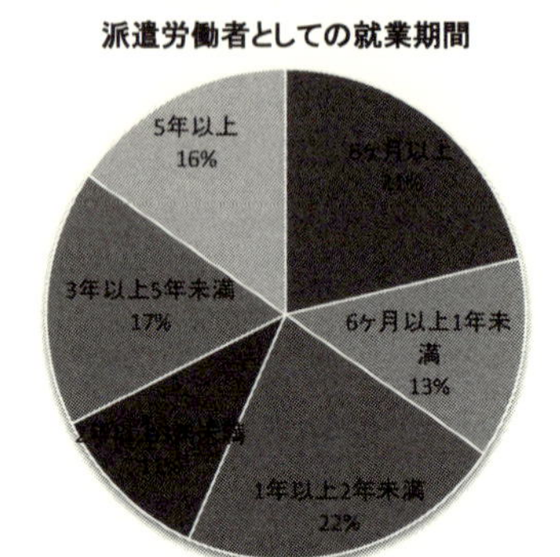

勤務した派遣会社	度数
1社	75
2社	18
3社	10
4社	3
5社	2
6社	3
不　明	48
合　計	159

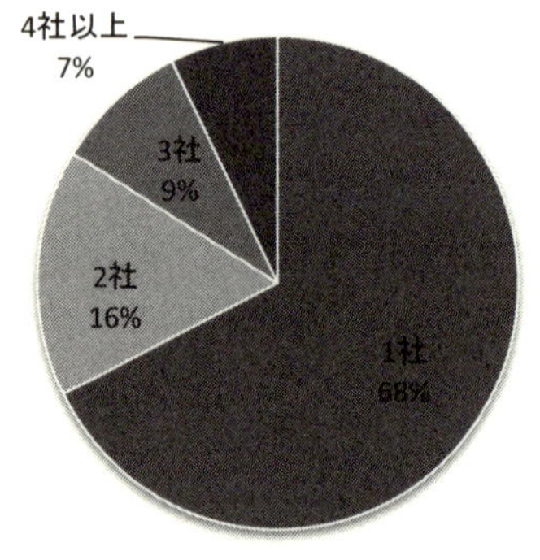

派遣された派遣先	度数
1件	51
2件	25
3件	13
4件	5
5件	4
6件	2
7件	0
8件	1
9件	0
10件	1
不　明	57
合計	159

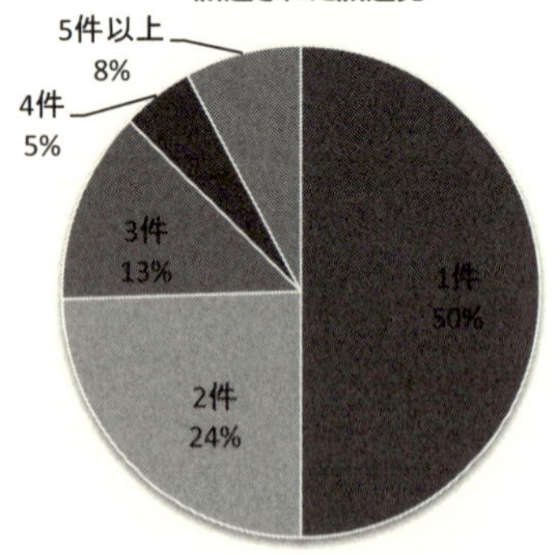

資料：「労働者アンケート（2）」より作成

(2) 全国的労働移動の実態

スライドによる移動は全国規模で行われている。スライドの地理的範囲を広げることで、労働者は就労継続の可能性を広げることができ、派遣会社の側からすれば、後述するように派遣先企業への労働力の充当をより確実にすることができるからだ。「労働者ヒアリング」によれば、調査対象となった17人の労働者は、D-a以外のいずれも、出身地域とは異なる都道府県への派遣就労を経験している(表2)。

同様の結果は「労働者アンケート (2)」からも確認できる。**表4**は、労働者を

表4　移動の4類型

	全国的労働市場		地域的労働市場	
移動の類型	(A)全国市場型	(B)地域市場経由型	(C)地域市場型	(D)部分的地域市場型
労働者との関係	派遣労働への入職によって全国的労働市場へ参入	派遣労働への入職時は地域労働市場だが、その後全国的労働市場へ参入	地域労働市場に固定している	部分的に地域労働市場に固定している
労働者の状態	実家に依拠する状態からの自立、前職の離職後に派遣に入職など	親世帯への依存からの若年者労働者の段階的自立、一時的に地元に戻った中高年失業者の再自立など	実家に依拠する「フリーター」に類似の状態	失業後一時的に実家に居住している状態又は失業後一時的な職として就いている状態
特　徴	最も典型的な形態であり、派遣労働が最も持続する形態	派遣会社の機能が際立っている	女性に多く見られ、従来型の「家計補助的」非正規雇用に近い	絶対数が少なく、この状態が長く続かないことを示している。実家からは独立する必要があり、前職地域での定着もおぼつかない
分類の方法	最初に派遣された地域が出身地・前職のいずれでもないケース	最初に派遣された地域は前職又は出身地と一致していたが、その後他の地域に移動しているケース	派遣された地域が単一で、出身地と前職の双方と一致しているケース	派遣された地域が単一で、出身地又は前職のいずれかの地域と一致しているケース
該当数	61	27	26	9

資料：「労働者アンケート (2)」より作成。
注：回答のうち36件についてはどの類型に該当するか不明であった。

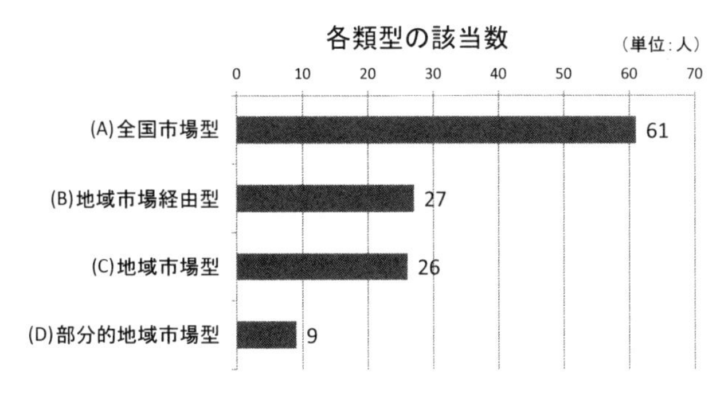

移動の経験によって分類したものである。これによると、経験した派遣先の都道府県が、出身地とも前職の都道府県とも一致しない[10]労働者は88名に及んだ(88/123)。過半数の労働者が出身地とも、前職とも関係のない地域へ製造業派遣・請負を媒介として就労していることになる。[11]

さらに、「労働者アンケート(2)」の結果からは、製造業派遣労働者の労働市場への参入経路を、派遣労働市場参入と同時に出身地や前職の地域を離脱する(A)「全国市場型」、出身地又は前職の地域を経由して全国市場に参加する(B)「地域市場経由型」、出身地と前職及び派遣の就労先が一致し地域労働市場に固定化し続けている(C)「地域市場型」、出身地又は前職のいずれかの地域にとどまり続けながら派遣労働に従事する(D)「部分的地域市場型」、の4類型に分類した。

上記の類型の中で、とりわけ(A)「全国市場型」と(B)「地域市場経由型」が多数を占めていることに注目したい。これら二つの類型は、労働者の就労先決定に派遣会社の存在が強く影響しているものと考えることができるからだ。

(A)「全国市場型」は、派遣就労を契機として出身地・前職の地域の双方と無関係の地域へと移動するパターンであり、派遣会社の積極的な介入なしには実現しない。(B)「地域市場経由型」は、一度は出身地又は前職の地域で派遣労働に参入するものの、その後、やはりスライドによって全国的移動を行っている。また、逆に、(D)部分的地域市場型が少ない点からは、一旦派遣労働に参入すると、傾向的に全国的移動へと迫られていくものと考えられる。地域の派遣先が限られている場合に、全国市場への接合が迫られるのだ。

こうした全国的移動にかかる経費や、その間の生活費等のコストは労働者個人の負担となる。「労働者ヒアリング」では、スライドの場合に、移動期間について有給休暇による対応がとられるケースが見られた(B-b、B-c)。後述する「退職後の再募集」の場合には実家に依拠し無職で待機していた例(C-d)の他、他の寮つきの下層職種に一時的に就業することで対応した者(C-f)と、連れ合いの世帯に入ることで生活を維持していた例(B-f)が見られた。

むろん、派遣労働者は希望する勤務先を派遣会社に伝えることはでき、自ら移動を申し出る者もいる(B-e)。また、予測された地域とは異なる派遣先が提示された場合に、労働者は断ることもできる。しかし、この調査結果にあらわれているように、多くの労働者は全国的移動を受け入れている。

(3) 派遣会社による移動の実施方法と理由

以上の労働者の全国的移動は、すでに述べたように、派遣・請負会社のスライドによって実施される。しかしながら、このスライドは、労働者の雇用の継続のみを目的としているわけではない。労働を媒介する派遣・請負会社の側の論理が介在するからである。そこで、派遣・請負会社の側から見たスライドの方式と理由を検討する必要がある。

まず、「労働者ヒアリング」からスライドの実施方法を検討したところ、その方式には三つの形態が見られた。第一に、退職手続きをせずに行う「Aスライド」である。Aスライドは少数であるが、後に述べる「重視現場」への移動の場合の一部に見られる。第二に、一度退職手続きを行った上で再度採用・派遣を行う「Bスライド」である。Bスライドは実際のスライドの大多数を占める。「派遣会社側調査」によれば、F社においてスライドを行う際は、いったん退職届を書かせることが原則であった。例えば、B-bは3年間の間に3回の減産によるスライドを経験し、その度ごとに退職届を書かされている。そして第三に、いったん解雇ないし退職手続きをしたうえで、時間の経過を伴って再度勧誘する「退職後の再募集」[12]である。これに該当するのはC-dである。実家から青森県の光学機器メーカーの工場に3年間通ったが、減産でスライドされ、地元の大手電子工場へ移動した。しかし、その工場も減産で退職する。そして、退職後に電話で秋田県の携帯電話製造工場への移動を求められ、就労している。

このような実施方法の違いは、スライドを行う理由と関係している。スライドの理由を明らかにするために、「派遣会社側調査」から派遣・請負会社の労働移動への関与の全体を把握しよう。**表5**は、F社における業務担当者の業務内容の一覧である。[13]

この表から、「募集・採用(No.1、2、4)」→「派遣先企業への営業(No.3、6〜9、14)」→「労働者の管理(No.5〜8、10〜13、15)」という一連の業務を、同一の業務担当者がこなしていることがわかる。とりわけ、派遣先の開拓と派遣

表5　業務担当者の業務内容一覧

No	業務内容	業務の分類
1	地方会場での採用活動	採用
2	採用前の工場見学・現場説明	採用
3	各企業への紹介	営業
4	就業前の雇用関係や入社の説明、雇用契約書・保険などの各種手続き	採用
5	就業後の勤怠状況の確認、勤務上の相談対応	労務管理
6	従業員と取引先との間の連絡・通達	労務管理・営業
7	取引先・従業員からのクレーム対応	労務管理・営業
8	トラブル発生時の対応	労務管理・営業
9	既存取引先への追加受注営業、情報収集	営業
10	寮・生活備品の管理、退寮後の掃除、従業員の引越し	労務管理
11	生活相談	労務管理
12	出退勤時の送迎	労務管理
13	出勤簿作成	労務管理
14	取引先への請求書作成	営業
15	「NG」・削減（解雇）の通達、他現場への「スライド」	労務管理

資料：「派遣会社側調査」を元に作成。

業務そのものを同時に行っていることが重要である。後に見るように、労働者の管理と派遣会社の営業（派遣先開拓）とが、連関しながら遂行されているからである。ここではこれを「営業と労働移動の一致」と呼ぶこととする。

紙幅の関係でインタビューの詳細は示すことができないが、派遣会社からみた場合、移動すなわちスライドを必要とするのは、（i）既存の労働者が需要減によって解約された場合、（ii）送り込んだ労働者が「NG」になり代わりを用意する場合、（iii）労働者が辞めてしまった・辞めようとしている場合、（iv）新しい需要が生じた場合の4つに場合分けすることができるという。「派遣会社側調査」によれば、このうち特に頻繁に行われていたのは、（i）派遣先の減産に伴う移動と（ii）「NG」に伴う移動であった。

「NG」とは、派遣先から労働者の交換を要求されることを指す業界用語である。「派遣会社側調査」によると、それらの要求が出される理由として、労働者個人の問題から起きた職場トラブルのほか、作業が遅いなど軽微な労働能力の不備が理由として挙げられていた。それぞれの要因をさらに検討していこう。

まず、（ⅰ）「既存の労働者が需要減によって解約された場合」には、派遣先の要求に対応し、当該労働者に対して全国あらゆる地域の他の職場への移動の斡旋（スライド）を行うことが基本となる。派遣会社側の聞き取り対象であるfによれば、毎日10人以上の単位で変動し、翌日からの補充や削減を求められることも頻繁だったという。

「毎日10人も、20人もその場の生産状況で人が要る、要らないという生産上の需給変化も激しいものでした。取引先によっては「今日はもういらない」、「明日からもういらない」と突然言ってくるような状況もあります。面接と工場見学を終え、明日からその工場で働きますって言ってくれた人がいた場合、とても困った状態になります。業務担当としてはただ謝るしかありません。「今突然締め切りになっちゃって」と言ってなんとか別の現場を紹介する。それでだめだったらうちの会社で働くことは諦めてもらうしかない」。

上記の証言にある「今日はもういらない」「明日からもういらない」という派遣先・請負元の行動は、中途解約、すなわち元来の派遣法の趣旨に反している。仮に本来の請負契約であったとしても、労働者と請負会社の雇用契約期間は3か月から1年間であるから、労働契約法に反することになる。しかし、派遣先・請負元を顧客先とする派遣会社は、こうした要望に応えざるを得ず、結果として、派遣会社は派遣先・請負元の不当な雇用調節を行うために「別の現場を紹介する」。すなわち、「スライド」を行っているのである。

次に、（ⅱ）「「NG」になり代わりを用意する場合」である。この場合には、「NG」を出した企業への対応、「NG」を出された労働者への対応の両方を業務担当者が行うことになる。fによれば、これが「もっとも対応が困難」な作業だったという。

「派遣先からの「NG」で辞めていくケースは非常に多いのです。ほとんどの場合が「向かない」などの派遣労働者の適性にかんする理由です。しかし、労働者派遣法は派遣先が派遣される労働者を事前に特定することを禁じています。

ですから、派遣されて気に入らないから「NG」というのは派遣先の身勝手な行為で契約違反です。派遣法上はこうした中途解約に対しては派遣先による他の職場への斡旋などが義務づけられていますが、そんなことははじめから問題にもなっていませんでした。ひどい場合には、一日働いただけで「こいつ不器用だから明日から来させるな」ということもあります」。

上記の証言のように、「NG」が出た場合、業務担当者が抗議をすることは困難で、ほとんどの場合、他の新しい労働者に置き換えることとなる。後述するように、派遣会社は他の派遣会社との間で派遣先への営業力を競っているために、派遣先の要求に応じざるを得ない。事実上、こうした派遣先の人材置換の要求を契機として、派遣会社を通じた人材の「選別」が行われているのである。

（ⅲ）「労働者が辞めてしまった場合」については、「辞めさせないこと」とそのアフターケアとしての「補充」が実質的な派遣・請負会社の業務内容となる。fは次のように述べている。

「派遣労働者を入れ込んでからは毎日勤怠状況の確認をしなければなりません。工場の現場に行って、ちゃんと来ているかをチェックします。そして、来ていなかったら本人の部屋まで行く。楽な仕事に思えるかもしれませんが、毎朝とても緊張します。特に新人が入った日やその翌日です。過酷な工場だと、一日で辞められることもよくありました。実際、ほとんどが1週間から1ヶ月の間に辞めていきます」。

このように、労働者が辞めようとする場合、派遣会社では業務担当者が直接、派遣労働者と対話することで慰留を行なっている。それでも離職を思いとどまらせることができない場合には、他の労働者をスライドや新規募集によって補充することになる。言うなれば、派遣・請負会社は、通常は労働者を使用する企業が行う「労務管理」を代替しているのである。

最後に、（ⅳ）「新しい需要が生じた場合」とは、新規開拓の派遣先に他の職場から優秀な労働者を送り込むことである。こうしたスライドで労働者の充当を行う対象をF社では、「重視現場」と呼んでいた。これは派遣会社の営業戦略として求められる移動であり、この場合には、「雇用の継続」とは直接に関わりのない移動が労働者に求められることになる。いわば、「営業と労働移動の一致」が目的とされ、スライドが行われている。

この点は全国的労働移動と深くかかわるので、項を改めてより深く検討しよう。

(4) 全国的移動と営業戦略

fによれば、F社は地域の派遣会社では対応できないような営業上の強みによって、fの担当地域への参入を果たした。その強みとは、全国に社員寮と営業拠点を持つことで実現される、全国的な労働者の移動を前提とした労働力充当の実行力である。F社のホームページ[(14)]を参照すると「日本全国に広がる拠点は200以上」にのぼり、「全国展開のネットワークを駆使した総合力」のほか、「各地のお取引先、求職者の皆様のニーズに合った、迅速かつきめ細やかな対応」を実現しているとし、全国から人材を募集し配置できることを自社の強みとして打ち出している。

「派遣会社側調査」によれば、F社における全国的移動の経過は以下の通りである。まず、派遣先企業より新規受注を受けると、採用課（各営業所に1、2名が在籍）が本社原稿管理課と連携して募集媒体（フリー求人雑誌等）を作成する。その後地元求職者の面接を行い、十分に集まらない場合は業務担当や採用担当が同じ地域の他の営業所に依頼して人材を送ってもらう。その後、寮の準備を行い、受け入れを行うことになる。

さらに、取引先が大手の重要顧客である場合は「重視現場」とし、地域内だけではなく全国から求職者を集める。

実際に自身が担当した新規開拓について、fは次のように述べた。

「2005年8月、私はコピー機のトナーカートリッジを製造するX社への派遣業務を担当しました。X社は県内に3箇所の工場を持つ大企業で、当時は業績も好調でした。X社は県内に3000人以上の派遣労働者を抱えていました。X社への参入は、この地域への参入が遅れた我が社にとっては念願であり、「重視現場」に指定されていました。X社がF社へ発注を行った背景には、地元派遣会社ではまかないきれないほどの深刻な労働者不足がありました。

F社はX社より8月に女性3名の派遣を受注しました。後の本格的な受注に向けた試験的な派遣という位置付けでした。ここで成果を出すことが当時の私にとって後の営業成績につながるため、優良な人材を各地から集めなければなりませんでした。工場周辺にはアパートやスーパー、娯楽施設などがなく、地元労働者は車を所有していないと通勤が難しいので、人員の確保は難航しました。そこで私は、2名を県内の別の現場から引き抜き、1名を県外からの求職者で埋めました。隣町に借り上げ寮を確保し、毎日送迎しました。

10月にF社はX社より7名の派遣を受注しました。このときは人材に恵まれ、徐々に実績を作っていくことができました。その後、翌年6月までに約100名を受注しました。この間、業務担当者は毎日の送迎や労務管理に追われ、労働者の度重なる仮病、「失踪」や現場からのクレームなど悩みは尽きませんでした。また、労働者のなかに借金を抱えている者もいて、その相談にも応じました」。

上記の証言からは、第一に、地域に根を張る中小規模の派遣会社と全国規模の派遣会社は地域労働市場で競合していたこと、第二に全国的な労働移動を媒介する業務が、派遣会社の市場開拓に大きくかかわっていることがわかる。

このような全国的に行なわれる労働者の移動は、派遣会社の営業戦略と密接に結びついて行われている（営業と労働移動の一致）。労働者の移動は減産や「NG」によってのみ行われるのではなく、派遣会社が新規に開拓したい顧客（重視現場）への戦略的移動としても行われていた点は強調されるべきである。

同時に、このように労働者をスライドによって移動させることが、労働力を充当させる派遣会社の重要な戦略資源であることをfは理解していた。地域の人材会社では不可能な人員の急な充当も、全国的な労働移動のネットワークを持つF社には可能だからである。実際、fによれば業務担当者の社内評価（査定）で特に重視されるのは「スライド率」の高さであった。採用した労働者が派遣先で減産や「NG」よって解約された場合、次の就労先へスライドすることによって、常に労働力を余らない状態にすること（逆に言えば、全国の需要のある工場に再配置すること）が経営上の至上命題とされていたのである。

F社では、社内の業務担当者の査定のために毎月、担当従業員の出勤率、退職率、スライド率、営業訪問件数、新規受注人数、採用数がそれぞれ点数化され、「業担ランキング表」が作られていた。fの所属地域には約50名（正社員20名、契約社員30名の割合）の業務担当者がいたが、契約社員は正社員を目指し、正社員は営業所所長などへ出世を目指していた。労働者を集め、派遣先を開拓し、極力継続的にその労働者を管理し続けることが業務担当者の昇進の条件であったという。

このように、スライドによる労働移動は雇用継続だけではなく、派遣会社の営業戦略と密接に結びついて行われていたことがわかる。

(5) 適性と再配置

前項でみたように、派遣・請負会社が労働移動を媒介するプロセスは、彼ら自身の営業戦略に規定される。しかし一方で、派遣先企業の要求によっても規定されている。本節では、この派遣先企業の要求の背後にある労働過程を検討する。これにより、派遣会社が労働移動を媒介するプロセスを、さらに詳細に特徴づけることができる。

「労働者ヒアリング」によれば、聞き取りを行ったAからDの工場の業務内容は表2のとおりである。

表2からは、全国的移動を行う労働者の従事する労働は多様でありながら、作業相互の関連性が薄く、また、必要とされる熟練度が低いことがわかる。この事実からは、業務の単純さゆえに、関連のない工程に頻繁に移動を繰り返すことができるという背景が見えてくる。熟練を要しない労働に切りわけられた、多種多様な労働が全国的に存在していることが、製造業派遣労働市場の存立基盤であるということができるだろう。

一方で、表2からは、派遣労働者たちの勤続年数、移動の在り方に顕著な違いがあることがわかる。A、D工場の労働者は一つの派遣先での就労が継続しているのに対し、B、C工場の労働者は全国的移動を繰り返している。移動と定着の度合いには、工場ごとの特徴があり、工場それぞれの労働過程と定着の間には関連があることが推察される。では、どのような違いが重要なのか。

まず、A～D工場の間では、必要とされる熟練度には差異があまりないことが指摘できる。相対的に熟練度が低いのはB工場であるが、いずれの工場においても標準的な作業をこなすために求められる期間は長くても1か月程度である。その一方で、仕事の「きつさ」や求められる労働者の適性については具体的な違いがみられるのだ。

自動車工場で参与観察を行った伊原（2003）は、製造業における非正規労働者にも、通常の熟練とは区別される、ラインのスピードや重筋労働に対応できるだけの「耐力」が要求されることを指摘した。また、製造現場の非正規労働者の熟練については、日常業務を通して形成される熟練、工程間の微調整に求められる熟練、キャリアを通して実現される熟練が存在すると指摘している。

このような意味での熟練や耐性の性質とそれらが必要とされる程度は労働過程によって異なる。派遣労働者に求められる労働についても、低熟練という点では共通しながらも、それぞれの労働過程に求められる熟練や耐力（あるいは適性）には差異がみられるのである。

まず、A工場は劇物を作業に使用するなど危険性が高い。A工場の労働者たちは全員が同じ派遣先に長期就労していたが、これは同工程の労働過程に求められる耐性の高さと連関していると考えられる。つまり、危険な労働に耐えられない労働者は、「NG」や自分から辞めるなどして淘汰されていき、耐えうる労働者だけが堆積し、彼らの勤続は長期化したとみるのが妥当である。

同様の傾向はC、Dの自動車関連工場においてもみられるが、Cの労働者には電機産業を含む他の派遣先を経て、この就労先に定着しているケースも見られた。自動車工場のように筋力的な「耐力」を要する労働環境では常に離職が多いために人手が不足しがちであり、C工場の労働者が指摘するように、一度定着すると「大切に」され、減産により派遣先に解約されることは比較的少ない。このためスライドを繰り返す中で、C工場の「耐力」に適合し、定着する移動のパターンが存在するものと考えられる。

また逆に、求められる「耐力」が少ないB工場の労働者には、自動車産業を経て就労している者がいた。この場合には、耐力を要する自動車産業にはなじまず、B工場にスライドで移動させられた場合もあるとみられる。同時に、B工場に残る条件としては、細かい作業への適性も指摘することができる。自動車産業から電機産業への移動の場合にも、その逆の場合にも、スライドは労働者の適性に応じた再配置を結果的に実現している。

さらに、電機産業など同じ産業の職場をスライドしている者もいる。需要の変動によるスライドを除けば、労働者の人間関係上のトラブルや、仕事に対する「飽きやすさ」も移動の理由になっているために、比較的耐力の要しない労働過程において、職場を転々とするタイプの移動もみられる。同時に、派遣先からの「NG」や、減産による解約の対象となりやすい労働者もおり、彼らは全国的労働市場に滞留し続けているとみることができる。

このように、耐力による選別と労働者の淘汰・堆積、耐力を含む労働者の適性による再配置、特定の職場に定着しがたい労働者を流動的なままに活用する、という三つの移動形式がみられるのであり、これが現実の労働過程にスライドを通じて労働者を配置する方法になっている。

以上の分析により、派遣・請負会社が、派遣先・請負元の労働過程に規定された存立基盤（全国的労働市場）に依拠し、同時に、その多様性に適合する方法を実践的に慣習化してきたということが分かった。だが、その形式は不安定なままに厳しい（時に危険な）労働を労働者に転嫁し、あるいは労働者を陶冶することなく流動的に活用することによる「適合」であったことにも留意が必要である。

(6) 労働者側の要因

では、このような労働になぜ、労働者は参入し、全国的移動を受け入れているのだろうか。労働者の参入動機について、佐藤らの調査[(15)]では、「正社員として働ける会社がなかったから」(42.7%)、「より収入の多い仕事に従事したかったから」(30.7%) が大多数を占めている一方で、「家計の補助、学費等を得たいから」(12.9%) は少数にとどまっていた。彼らは正社員志向であり、他の非正規雇用を選ばずに製造業派遣・請負労働に参入した動機は当該雇用が相対的に高賃金だからである。私見では、この調査結果の背景には彼らが家計を自立しようとする「家計自立型非正規雇用」（木下 2007）であることが推察される。

「労働者アンケート（2）」では「正社員として働ける会社がなかったから」という回答の背後関係を調べるために、さらに複数の解答項目を設けたところ、「地元に職が無かった」（44/159）、「寮があるから」（31/159）が上位に上った。(16)

特に中高年に関しては「地方に職が無かった」と回答するものが一定を占めており、一度親世帯に入った後、自立のために全国市場に参入する構図になっている。これは、「移動の4類型」おいて（B）「地域市場経由型」がおおく見られた事情に適合している。また、寮の存在が親世帯に依存する状態から自立する上で、重要な役割を果たしていると考えることができる。

「労働者ヒアリング」における、入職直前の労働者の状況は年齢に関わらず親世帯に依拠しているケース（10件）と、アルバイトで失業後の急場をしのいでいる場合（4件）でほとんどを占める。親世帯やアルバイト状態からの自立が参入の契機となっていることが読み取れる。

つまり、すでに述べた全国的労働移動は、労働者側の要因からみると、労働者の家計を自立した性格又は自立志向によって成り立っている。製造業派遣・請負労働者が地域市場にとどまらず、全国的な移動に参入していくのは、親世帯からの自立と雇用継続のために全国的移動をも辞さないからである。こうした自立志向の特徴は、男性労働者だけではなく女性労働者にも共通している。自立を志向する男女の労働力が労働市場に多数存在することが、労働者の全国的移動を、しかも労働者自身の自己負担で成り立たせる必要条件となっている。

例えば、（A）「全国市場型」に分類できるA-aの場合には、直前まで実家から自動車工場の期間工として通っていたが、「夜勤のときに実家に迷惑がかかる」から、A-bは直前まで飲食店のアルバイトをしていたが「飲食店のアルバイトでは食べていけず」、また、参入後に結婚し「派遣で長く働いて正社員になりたかった」としている。A-cの場合には直前まで働いていた市場の仕事がなくなり、「迷惑をかけないために、実家から出たかった。とにかく働き始めたかった」、さらに「寮に入って、遠くへ行けば、逃げずに働き続ける環境に自分を追い込めると思った」という。

次に（B）「地域市場経由型」の参入動機も類似している。例えば、B-aの場合、実家の酒屋を手伝っていたが、「親といると居候のような形でいやだ」から「すぐに自分の収入がえられる」派遣労働で、地元福岡で働き始めた。その後、減産で「スライド」の対象となり、大分県の自動車工場へと移動した。C-aは地元企業の正社員に就職するも、営業職のノルマが厳しく精神疾患を患い退職した。その後実家で暮らしながらアルバイトをしていたが、知人の紹介で地元の製造業派遣・請負に参入した。「請負でもまじめに働いていれば正社員になれると思っていた」。その後、当該工場で請負が派遣に切り替わることを忌避して、請負労働者として東京の自動車工場へと移動した。

以上の事例からは、一部に自らの選択で移動しているケースも見られるものの(B-e)、(B)「地域市場経由型」の労働者の多くも、自立や正社員化に希望を託して地域市場から全国市場へと促されていることが裏付けられる。

(7) 労働市場の制度化

以上を踏まえ、製造業派遣・請負労働がどのように制度化されているのかを整理しよう。

まず、派遣・請負会社は全国的なネットワークによって就労先を確保し、スライドによって断片的な雇用を一続きにすることで雇用継続に貢献している。だが、このスライドは派遣・請負会社の営業戦略に従ってなされているために、派遣先の需給調整のコストを労働者の側に転嫁し、また、労働者を不当に選別する機能を持っている。派遣会社はまた、顧客企業のニーズに応えるために、労務管理を代替し、労働者の全国的な移動によってこれを実現しようとする（営業と労働移動の一致)。その際には、労働者の適性に合わせた再配置が結果として実現されている。

一方で、このような労働移動を媒介するシステムが成立するには、企業側、労働側に前提条件を必要としていた。企業の側は非熟練労働を切り出すことで、断片的労働を作り続けてきた。また、労働者側がこうした全国的な移動を伴う製造業派遣・請負労働を受け入れているのは、彼らが自立を志向する「家計自立型」の労働者（失業者）だからである。

このように、製造業派遣・請負労働は、派遣・請負会社が膨大な家計自立型の労働者（失業者）を断片化された企業の労働過程に合わせて全国的に媒介し、顧客の意に沿って（不当な方法を含め）需給を調整し、結果として労働者の適性をも調整し、再配置し続ける「制度」となっている。

こうした労働市場調整の制度化は、派遣法の製造業への適用によってより広範化したとはいえ、派遣法そのものが想定し、生み出したものではない。実際に、派遣法の適用以前には法的には「請負労働」の形式が採られていたが、請負労働の在り方も歴史的に多様であり、本稿で見たような労働市場調整の制度化に直接帰結するわけではない。つまり、これらの「制度」は法政策によって直接実現したのではないと考えられる。全国的な移動を伴う製造業派遣・請負労働を受け入れる膨大な（失業している）男女の家計自立型労働力の存在と、労働の単純化・断片化と派遣会社の台頭を前提しながら、これを媒介するシステムが自生的に形成されたとみるべきだろう[(17)]。

5．従来の雇用類型との比較検討

(1) 諸雇用類型との差異

本節では、従来の雇用類型との差異を検討していく。まず、ここまでを踏まえた製造業派遣・請負労働者の特性は、次のようになる。彼らは家計自立型の非正規雇用であり、全国的な配置転換の命令に実質的に従わざるを得ない。一方で、その雇用はスライドによって一定の安定を保持されるとはいえ、やはり不安定である。

最大の非正規雇用類型であるパートタイム労働は、同一企業において継続的に就労する傾向にある。また、主な労働の担い手が家計補助的な労働力であるため、就労地域の移動、労働時間等の点で制約を被る点に特徴がある。これに対し製造業派遣・請負労働の場合には、就労先企業は流動的であり、家計自立型労働力に依拠しているため、地理的制約、労働時間の制約を伴わない。

出稼ぎ労働においても、労働者は傾向的に同一の就労先への就労を毎年繰り返す傾向にあり、一定の長期的関係の構築があった。縁故による移動の媒介が一定の割合を占めていることも、この供給構造を強化した。また、主として農閑期の就労であるために、移動や雇用期間に制約を有している。一方製造業派遣・請負労働者の場合には、これらの制約を有していない。彼らは全国的に移動する上、派遣先企業についても特段のつながりを有しているわけではなく、電機・自動車の業界をまたぐことも一般的である。その上、派遣先・請負元企業の柔軟な必要にあわせた移動がシステム化されており、この点で出稼ぎ労働とも大きく異なっている。

50年代、60年代に社会問題化した社外工の場合にも労働者が企業を超えて流動的に移動していたわけではない。社外工の特性は、今日では下請け企業の労働者として理解されている[18]。仮に社外工が中小企業を渡り歩くという意味で流動的な労働力であったとしても、それは通常の労働市場の移動と同じであって、労働市場における移動が制度化している製造業派遣・請負労働とはまったく異なる。

建設日雇については、もっとも製造業派遣・請負労働に類似した移動を行う雇用類型であると評価できる。彼らは飯場を拠点にして移動する点に特徴があり、全国の飯場を中継して、労働者が全国を移動することもあったと思われる。ただ、それが労働市場調整のシステムとして体系化されていたとまではいえない。媒介となる派遣・請負会社がシステムを構築している点で、製造業派遣・請負労働はこれと異なっている。製造業派遣・請負の場合には、派遣・請負会社の「営業と労働移動の一致」によって、派遣先の需要が即座に労働者の移動と連動するようにシステム化していた。

電機・自動車産業における有期雇用を指す期間工は単一の職場での有期雇用であり、出稼ぎ労働の発展形である。期間工も雇用期間によって解雇される場合があるが、その時彼らは自ら次の職を探す。期間工と製造業派遣・請負は、職場を通じて相互に移動する（派遣から期間工へ、期間工から派遣へと）点から、両者の担い手はほぼ同じ層であるとみられるが、移動のパターンや雇用継続の在り方は異なっている。

尚、ここまで述べてきた各雇用類型においては、それぞれジェンダー特性がある。パートタイマーの大半、電器産業の期間工の一定割合に女性が従事している。それ以外の雇用類型の多くが男性によって担われてきた。これに対し、製造業派遣・請負は、男性が多くを占めているものの、一定割合が女性であり、彼女らも全国を移動する（女子寮も存在する）点に特徴がある。本稿では紙幅の関係でジェンダー特性については詳論できなかったが、表2の通り、調査対象者に女性労働者が含まれている。女性労働者の全国移動への参入は、製造業派遣・請負労働の制度化要因である家計自立型労働者（失業者）の総数を押し上げている。

(2) 製造業派遣・請負労働の特徴

以上の分析を通じて、製造業派遣・請負労働の特徴づけを行うと、彼らは第一に、家計自立型労働力を供給源にしており本業や世帯などの制約のない柔軟な労働力である点で、パートタイム労働や出稼ぎ労働と区別される。

第二に、製造業派遣・請負労働では全国的な移動がシステム化されている点で、あらゆる従来の非正規雇用類型と異なっている。こうした全国的移動の特性は、むしろ日本の男性正社員に典型的なものである。製造業の生産の需給変動に対しては、男性正社員の配置転換が有効な対応策であった[19]。ところが、部分的とはいえ、製造業派遣・請負労働は、こうした全国的な労働需要に自らが移動することで対応している。それも、個別企業を超えた生産調整に対応する。このような雇用類型の存在は、長期雇用と雇用保障によって成り立ってきた正社員雇用の労働調整の仕組みと、他の雇用類型以上に競合するだろう。

第三に、このような労働移動は、製造業派遣・請負労働の断片的な雇用を不安定でありながら一定程度「一続き」にした[20]。雇用の継続という面では、好景気の局面では「スライド」が有効に機能し、一定の雇用保障が実現されるものと考えることができる。このように不安定でありながら、「一定の雇用持続性」を有していたがゆえに、労働者は「自立」を志向しながら全国的な移動に参入し、その結果「制度化」が広範に行われたものと考えられる。労働者と非対称な関係を作り、派遣先企業にとって極端に柔軟な労働力として活用し、尚且つ広範な家計自立型労働力のプールを維持し、労働を充当する確実性を担保する、このような仕組みは、全国移動を条件として「雇用を一続きにする」ことで獲得される一定の持続性を背景として可能になっていたのである。しかし、リーマンショック期に見られるように不況局面においては、派遣・請負会社のスライドによる雇用保障機能は機能しづらく、むしろ雇用コストの転嫁や選別の側面が顕になる。不況期の雇用調整の対象という意味では、従来の非正規雇用類型以上に脆弱である。

第四に、移動と雇用保障の特徴に加え、もう一つ副次的な特徴を挙げる必要がある。それは、製造業派遣・請負労働が他の非正規雇用類型と異なり、地理的な移動と社会的な関係の切断によって、もっとも社会的に孤立した存在であるという点である。[(21)] パートや出稼ぎ、社外工はいうまでもなく、港湾・建設日雇にあっても地理的な近接性が、「労働者の共同性」の重要な条件となったことが示されている（原口 2016）。製造業派遣・請負労働の場合には、そうした関係性すらも切断され、不安定雇用の下に全国を流動する点に他の非正規雇用類型には見られない特徴がある。このような労働者特性が、2008年秋のリーマンショック以後、他の非正規雇用類型では見られないような「派遣切り」、「派遣村」と呼ばれる現象を引き起こしたと考えられる。

おわりに

本稿では、製造業派遣・請負労働の労働移動の実態と、これがどのように慣行化・制度化されてきたのかを、派遣・請負会社の労働移動への関与の実態、及びそれらを受容する労働者の視点から検討してきた。また、その制度化は全国的な移動を伴う製造業派遣・請負労働を受け入れる膨大な家計自立型労働力（失業者を含む）の存在と労働過程の単純化及び断片化に条件づけられていたことも示唆された。

しかし、派遣・請負会社の存在や、労働過程及び労働市場の条件が労働移動の制度化を規定する重要な要素であるとしても、これらが労働移動を媒介する制度の在り方を一方的に規定するわけではない。制度化の過程は、客観的な条件だけではなく、さまざまな法制度及び労使関係の実践によっても規定されるからである。

労使関係や法制度が派遣・請負労働の制度化及びその帰結とどのように関係してきたのかは、今後の研究課題としたい。

〔注〕

(1) 電機連合総合研究企画室（2004）によれば、請負活用企業の請負活用開始時期は、1990年代以降が62.2％、それ以前は17.3％、(「分からない」が17.7％）である。

(2) 松宮（2006)。

(3) それは同労働をめぐる法制度という意味での「制度」だけではなく、その実際の運用プロセスをめぐって慣行化された「制度」である。

(4) 労働者派遣法2条1号では、「自己の雇用する労働者を、当該雇用関係の下に、かつ、他人の指揮命令を受けて、当該他人のために労働に従事させることをいい、当該他人に対し当該労働者を当該他人に雇用させることを約してするものを含まないものとする」とされている。

(5) 菅野（2012: 256)。

(6) 菅野（2012: 259)。

(7) 派遣元事業主が講ずべき措置に関する指針（平成11年、最終改定平成29年）

(8) 尚、「常用型」には有期雇用が含まれているうえ、無期雇用であっても長期雇用が保障されてはいない。厚生労働省（2009）によれば、リーマンショック直後の2008年11月以降、2009年2月18日時点まで、約2万1千人の雇用状況を調査した結果、「雇用が継続」に該当するのは登録型が5.8％であるのに対し、常用型の有期では11.8％、無期でも21.0％に過ぎなかった。

(9) 派遣・請負会社は複数の会社との間で同時に請負や派遣の形式で契約をしている場合がある。また、請負から派遣、あるいは派遣から請負へと契約形式を変更することも、特に2006年の社会問題化以後頻繁に行われた。

(10) ここでいう「一致しない」とは、経験した派遣先（請負元）の都道府県のうち一つでも前職および及び出身地の都道府県と一致しない場合を指している。

(11) 中にはもちろん出身・前職以外の地縁・血縁を頼りに移動してきた労働者もいると思われる。しかし、そうした移動は全体の中で考慮すべき割合を形成している可能性は低い。

(12) この「退職後の再募集」は、在職中に職場を変更するスライドとは異なるものの、派遣会社が媒介して労働者の移動・充当を実現する点において、スライドと共通する性質を持つ。

(13) 尚、調査対象fの処遇は1年契約の契約社員として採用され、2004年12月から1年2か月間従事した。業務担当者の多くは1年間の契約社員を経て無期雇用に採用されるが、業務成績次第で契約の更新や打ち切りが行われる場合もある。fも一年勤務後に無期雇用となっている。

(14) 2009年12月現在。

(15) 佐藤＝佐野＝藤本＝木村＝山路（2005)。

(16) この部分は全体に回答数が少なく、この二者が最上位の回答数であった。

(17) 繰り返しになるが、これらの制度・慣行は法律制定の以前から慣行化されていたとみられるのであり、決して派遣法制定が作り出したわけではない。また一方で、失業者の増加と労働過程の単純化・断片化が進行したとしても、このような労働移動の制度化による労働実現の媒介が必然だということにもならない。それは法規制や労使関係によってまったく異なる制度媒介が実現する可能性が常に存在するからだ。

(18)　糸園（1978）。

(19)　佐武（2005）。

(20)　この点は階層分析の観点からも重要である。製造業派遣・請負労働市場への参入は、地方でのアルバイトや正社員下層労働者からも多く見られるが、これらは一時的な待遇の面（時給単価）に限ってみれば、「上層への移動」の契機を伴っていた。

(21)　木下（2008, 2012）は、これを「デラシネ化」と評している。

〔参考文献〕

電機連合総合研究企画室（2004）『電機産業における業務請負適正化と改正派遣法への対応の課題―「電機産業における請負活用の実態に関する調査」報告書―』電機総研研究報告書シリーズNo.7。

伍賀一道（2014）『「非正規大国」日本の雇用と労働』新日本出版社。

Granovetter, Mark S（1974）Getting a Job; A Study of Contacts and Careers: Harvard University Press（=1998, 渡辺深訳『転職―ネットワークとキャリアの研究』ミネルヴァ書房。）

原口剛（2016）『叫びの都市―寄せ場、釜ヶ崎、流動的下層労働者』洛北出版。

伊原亮司（2003）『トヨタの労働現場―ダイナミズムとコンテクスト』桜井書店。

糸園辰雄（1978）『日本の社外工制度』ミネルヴァ書房。

伊藤大一（2013）『非正規雇用と労働運動―若年労働者の主体と抵抗』法律文化社。

禿あや美（2001）「電機産業のパートタイマーをめぐる労使関係―A社の定時社員制度を中心に」『大原社会問題研究所雑誌』No.515。

苅谷剛彦＝菅山真次＝石田浩編（2000）『学校・職安と労働市場―戦後新規学卒市場の制度化過程』東京大学出版会。

木下武男（2007）『格差社会にいどむユニオン―21世紀労働運動原論』花伝社。

――――（2008）「派遣労働の変容と若者の過酷」『POSSE』vol.1。

――――（2012）『若者の逆襲―ワーキングプアからユニオンへ』旬報社。

厚生労働省（2009）「労働者派遣契約の中途解除に係る対象労働者の雇用状況について（速報）」。

松宮健一（2006）『フリーター漂流』旬報社。

中尾和彦（2004）「電機産業における請負労働者の活用と請負適正化の課題―電子部品企業2社のケーススタディから」『日本労働研究雑誌』No.526。

仁田道夫＝久本憲夫編（2008）『日本的雇用システム』ナカニシヤ出版。

佐武弘章（2005）「「人のかんばん」とトヨタ生産方式の対応策」『大原社会問題研究所雑誌』No.556。

佐藤博樹＝佐野嘉秀＝藤本真＝木村琢磨＝山路崇正（2005）『生産現場における外部人材の活用と人材ビジネス（2）』東京大学社会科学研究所人材ビジネス研究寄付研究部門。

菅野和夫（2012）『労働法　第十版』弘文堂。

丹野清人（1999）「在日ブラジル人の労働市場―業務請負業と日系ブラジル人労働者」『大原社会問題研究所雑誌』No.487。
――――（2007）『越境する雇用システムと外国人労働者』東京大学出版会。
戸室健作（2004）「電機産業における構内請負労働の実態」『大原社会問題研究所雑誌』No.550-551。
――――（2007）「自動車産業における請負労働と分業構造」『大原社会問題研究所雑誌』No.585。
――――（2011）『ドキュメント請負労働180日』岩波書店。

研究ノート

1　「再生集落」における労働力の状態

鎌田とし子
鎌田　哲宏

日本労働社会学会年報第28号〔2017年〕

「再生集落」における労働力の状態

鎌田とし子
（東京女子大学名誉教授）
鎌田　哲宏
（静岡大学名誉教授）

はじめに

本稿は、既報『「限界集落」における労働力の状態』日本労働社会学会年報第26号に掲載した報告につづく研究ノートである。分けて掲載した理由は、投稿当時まだ調査継続中であったこともあるが、前稿で扱った集落とは一線を画する異質の対象集落であったことにもよる。すなわち一連の「限界集落」調査研究において、既報ではいわゆる典型的な「限界集落」2カ所（プリテストのM集落、限界集落のS集落）と、何とか持ちこたえている「維持集落」B（増毛町）の事例を紹介し、その特徴を述べた。今回の報告は、全道でも希有な人口の増加が見られる「再生集落」東川町D集落の調査結果であり、置かれた自然的・社会的条件において前者と後者との間には質的な格差がある対象と考えたからである。本稿では、前者すなわち限界集落と「維持集落」とを一括して「限界・維持集落」と呼び、今回取り上げる「再生集落」との比較を試みる。全道的に人口縮小化が進行する中で、なぜここだけ人口増加に転じているのか、その社会的要因を明らかにする意義があるので、取り上げることにした。言うまでもなく目的と方法において前報告とは同じであり一連の研究である[(1)]。

冒頭、この研究が集落の限界化に危機感を持ち、なんとかその流れを押しとどめることは出来ないか、その方策を探る目的で行われ、具体的な手順として、それぞれの対象集落に何があって何がないかを比較検討するためにこれまで実態調査を進めてきた[(2)]。言うまでもなくここで言う限界化とは、65才以上人口比の増大（高齢化）、そこから来る集落機能の低下・喪失を指している[(3)]。

1．東川町の自然的・社会的条件

今回「発展集落」として取り上げたのは、上川振興局内の東川町である(2010年国勢調査では、7,859人)。この町は全道第2の大都市旭川市（約35万人）に隣接し、都市化の余波を受ける一方で、大雪山国立公園の主峰旭岳の裾野にあって観光産業も可能という好立地点にある。上川といえば豊かな米どころとして知られるが、なかでも「東川米」で呼ばれる銘柄米の生産地として高い生産力を誇っている。それでも1959年1万713人をピークに人口減少期に入り、1970年には8,204人となって『過疎地域指定』を受けた。この危機に対応して行政当局はさまざまな振興策を講じてきた。1967年からいち早く「第1次まちづくり5カ年計画」を発足させ、その後に続く第2次、第3次、第4次、「新まちづくり計画」へと引き継ぎながら、さまざまなアイディアを試みてきた。

早くは、この地の森林資源を生かした木工業であり、木工団地造成事業はそれなりに功を奏した。観光業も、国立公園の明媚な風景を生かして全国的に「写真の町」事業として売り出すことに成功したし、明媚な山岳を背景にした山小屋風のモデル住宅建設などにより、一定のリタイヤ人口も呼び込んだ。しかし将来を見越した「若い子育て世代」を呼び込むには、子育て優遇政策と教育産業の立地が必要であった。全国に先駆けて「幼保一元化」施設を立ち上げ、斬新な小中校舎の建設、外国人を呼び込む日本語学校設置等々の努力は、各政策毎に何人が移住したという確認は困難であるが、ことごとく成功したことはこの間の人口増に反映しているとみよい。統計を注記(4)に挙げておいたが、転入人口が転出人口を上回っていること、子供（15歳未満）人口が増加していること、これらの現象は北海道農村では見られない希有の事例であるとだけ言っておこう。

とくに直接的手法としては田園地帯を一部分切り取ったような「住宅団地」の造成であった。結果として田園地帯の中に色とりどりの家屋が出現したことは異様な景色と言えなくもないが、若い都市人口を呼び込んだことで、他の集落では殆ど見られなくなってきた「子供人口」を増やすことに貢献した。

これだけの紹介では、いかにも人口増だけを狙った町政が功を奏したかに見えるが、実は上川農業の中核を担う集落として、古くから農業の発展を目的とする政策を中心的な課題としてこれまでたゆまぬ努力を傾倒してきたことはいうまでもない。したがって近年の新たな施策の数々は、あくまでも農業の維持・発展に軸足を置きながら、試行錯誤的に試みた施策であったことである。いやむしろ、農業という基軸産業が堅調であったからこそ、新しい諸々の「試行錯誤」が可能であったというべきである。したがって、この町は「主軸産業堅持・新規事業積み上げ型」とでも呼ぶのがふさわしい。

2．調査対象集落の概況

東川町は大きく6つの行政区に分かれる。その単位は、町内会をいくつか纏めた連合町内会のようなものである。6つの行政区の中には、より山に近い限界化した集落を含む山側の地区から、最も旭川市に近い新興団地を擁する新旧住民の混住地区まである。変化を重視すればこの中から混住地区を選ぶのが適していよう。今回は、人口増加の要因を探る目的で新旧住民の混住地区である「D地区」を調査対象にすることにした。

「D地区」は、これまで行ってきた集落調査と同じであるとは言えない。いわば東川町内の一行政区に過ぎないため農村に固有の共同体的な社会関係がどれだけ残存しているかが問題であり、それ故調査対象に断絶があるとみて報告を改めたのであった。しかし、農村地帯が母体であり近年新住民を迎え入れたばかりの混住地区であるのと、自然村を基礎に置く古くからの社会関係を未だ色濃く残している地域である。さらに昨今、新旧住民の融合を意図してか、新住民のみの町内会は作らず、旧住民と一体化した町内会の再編を試みている。したがって環境維持の草刈り行事をはじめとして祭りも地域一体として盛り上げるなどの工夫をしており、融合と再編を課題として模索を始めた地域である。

新たに団地が造成される直前の状況は、小さな町内会が乱立していて町としても何らかの形で纏める必要に迫られていたという。したがって近接の付き合いのある者同士で思い思いにご近所会を作ってきた感があった。したがって地区組織再編は、現在の「D地区」会長の喫緊の課題として挙げられてもいた。

確かに従来調査してきた対象は、むらと呼ぶにふさわしい「集落」であった。

農業生産に基礎を置く社会関係の上に、血縁・地縁関係が重層的に積み重なり、精神的な一体感とそれを象徴するむらの行事＝まつりなどが行われていた。その意味では、比較的つながりが弛緩していたように見える。その原因は新住民を擁するに至った「都市化」に一因があるとはいえ、むしろ農業を営む住民が減少したことが大きいことがわかったのであるが、つながりが弛緩しつつあるとはいえ、地区のまつりもまだ行われていた段階にあった。村落研究の第一人者である松岡昌則教授はこの地区に調査に入り、共同体とはいえないが、「緩やかなつながりが見られる地域」と分析した[(5)]。「D地区」はそういった特性を持った地域である。

3．対象集落における人口増加の２つの要因

人口増加の直接的な施策としては、団地造成による都市人口の移住があり、東川町においても功を奏していることは述べた。しかし移住人口を上回る人口流出が行われたことが今日の集落の過疎をもたらしたことは周知の流れであった。したがって人口増加の要因の一方に、「流出を押しとどめる要因」があったことも考慮しなければならないだろう。これまで分析してきた集落では、高度経済成長期を迎えると人口流出の流れはとどまることを知らず今日の過疎をもたらしてきたからである。

この人口増加・減少の基底にあって増加を支えてきたいわば「定住人口」ともいえる旧住民がいたからこそ、新住民人口が上積みされ全体として人口増をみたと考えるのである。ではなぜ「定住人口」が維持されたのであろうか。それは旧住民がここに留まれる条件があったからである。

農業集落における旧住民とは、かつてこの地で農業を営んでいた農民が殆どを占める。かれらは世帯主の高齢化と跡継ぎ喪失によって農業生産を継続できなくなる不安を抱える者が含まれるとはいえ、これまで農業生産を支えてきたれっきとした農民である。今日「限界集落」においては、農地の買い手もなく、借り手も現れないために耕作放棄地を残して村外に立ち去るしかないのが実態であるが、地域によって事情は異なる。

つまり生産性の高い優良農地では買い手も借り手もいる。農業を継続できなくなった農家は、農地を貸し出して「地代」を得るか、売却して老後資金に当てるかの選択肢ができる。しかし個人情報保護の壁に阻まれ、予め各戸の職業や経済基盤を知ることは不可能であったため、全戸を対象に悉皆調査に入るしかなかった。「D地区」住民各戸を片端から調べていくうちに、現在農業を営んでいる家と並んで、元農業を営んでいたが現在は年金と地代で暮らしている家が多いことを発見した。前者を「現農」、後者を「元農」と呼ぶことにしよう。この他に、先に紹介した移住者がいるが、その大半は勤め人であり、他に商業その他の自営業に就く者であったので、これらを一括して「その他」と呼んでおく。

4．D地区住民の構成

D地区の世帯数は約217世帯を数える。その内新興団地の住民は96世帯であるから、世帯数から見ると約半数を占める大きな存在である。ただし統計上団地住民と括られている中には従来から団地の一角に建っていた教員住宅数軒も含まれていた。いずれにしても見たところはやはり旧住民が根を張るれっきとした農業集落に浮かぶ「団地」でしかない。この全く出自の異なる住民の融合が将来課題となって行くであろうこの地区について、以下詳しく見ていきたい（世帯数に比べ選挙の有権者数が多くなるところに注意）。

個人情報保護の事情から行政機関から住民の名簿や電話番号を入手出来なかったため、10年前に民間業者が作成した電話帳や、「ゼンリン」の地図、「農協」からの聞き取りなどを駆使して独自に作成した資料によれば、世帯総数は217世帯、うち農業を営む世帯は約4割、元農業を営んでいた世帯は約2割、その他の非農業世帯は合わせて約4割という構成をとっていた。以後、簡略化して「現農業世帯」、「元農業世帯」、「その他の世帯」としておく。都市に近接し人口増が進む「混住地域」の実態をよく現している。

全世帯を対象に片端から調査員が調査を依頼して廻ったが、留守や多忙を理由に断られ、6日間にわたる調査期間中にえられた完成票は66票であった。その内訳は、「現農業世帯」24戸で36％、「元農業世帯」17戸26％、「その他」の非農業世帯は25戸38%であった。これは全戸に占めるそれぞれの割合4：2：4に極めて近似していることがわかったので、この地区住民の構成をおおまかにではあるが代表していると見て分析することにした。

5．D地区の労働力構成

ここでいう労働力とは、政府の労働統計が15〜64才を労働力としているのとは異なり、実際に65才を超えて働く人口も対象にしている。農漁村では人々は年齢制限無く働ける者は何才になっても働いており、若者不在の今日では現実に農漁業を支えているのは政府統計のいう65才を超える高齢者が多くを占めているからである。まして限界化した集落では、働ける者は全員何らかの仕事を引き受けるのでなければ平常生活を維持することはできない。

また1世帯に女性一人が「主婦」と数えられる習慣も、子供がいるわけでもなくケアを必要とする老人が居るわけでもない世帯では、主婦を一人置くことは合理性を欠く。逆に65才以上の世帯員をすべて老人として分析から取り除いてしまうと、家庭菜園など家計補充に役立つ労働は数えられないことになる。こうした厳しい査定を行うのも農漁村に潜む失業・半失業者の存在と、福祉の対象者がカウントされないで放置されている事実をあぶり出す意図がある（主婦の年金払い込み義務の免除等）からである。

しかし実際に労働力の査定を行おうとすると、当該集落の置かれている生産力の差によって家計維持の緊要度が違うのか、豊かな村では同じ年齢でも「働きたくない」人が多くなる。つまり家計維持の緊要度が高い過疎集落では、「働きたい」人が多く求職者が増えるにもかかわらず実際に「仕事がない」。豊かで緊要度が低い「発展集落」では「仕事はあっても働く必要が無い」ので無職の高齢者が多くなるといった具合に、数だけ較べても正確な把握が出来ないことがわかった。正確な比較をするためには、労働の種別と労働の正確な計量を待つしかない。

そのことを念頭に置きながら、前稿と同じ尺度で分類した「労働力構成」を**表1**に挙げてみよう。

これを見ると、対象世帯の総成人は169名である。すなわちⅠの収入を得る労

表1　集落内成人人口と労働力の状態（H町第Ⅰ振興会）

	（人数）	総成人を100とした％
Ⅰ．収入を得る労働に従事する人口	(107)	(63.4)
①　生産労働に従事する人（農業）	63	37.3
他の自営業に従事する人（非農業）	10	5.9
②　賃労働に従事する人（フルタイム）	26	15.4
③　同上（常用パート）	3	1.8
④　日雇い・パートタイムで働く人	5	3.0
Ⅱ．無償の有用労働に従事する人	(91)	(53.8)
⑤　ボランティアを希望・実践する人	26	15.4
⑥　家庭内労働に従事する人		
A—家事・育児労働	8	4.7
B—家庭菜園労働	57	33.7
Ⅲ．遊休人口	(54)	(31.9)
⑦　失業者（8H・4H希望者）	4	2.3
⑧　高齢者のうち働きたくない人	46	27.2
⑨　傷病者（療養中、含認知症・寝たきり）	3	1.8
⑩　勉学中	1	0.6
総計＝Ⅰ＋Ⅱ（5と6Bは重複人員につき除く）＋Ⅲ	(169)	(100.0)

注：1　生産労働とは、農業に従事する者で、他の自営業とは、農業以外の商業・木工業などの自営業に従事する者である。
2　家事・育児労働に従事している人とは、乳幼児がいる、家族が多い者のみとした。
3　現在ボランティアをしている人は少なく、してもよいと答えた者が多い。重複人口なので総計には入らない。
4　家庭菜園労働は、他の労働と兼務しているので、総計には入らない。
5　失業者のうち、8時間労働を希望している者（未婚女子）は1名で、3名は4時間程度の軽度な労働を希望する者である。
6　働きたくない人のほとんどは、60才を超える企業退職者、または65才以上の高齢者である。
7　総計とは成人人口のことで、この他に乳幼児が9人、小中学生15人、専門学校生1人の計24人がいるが、この表には計上していない。
8　10の勉学中とは、親の世帯の一員である成人女子が今一度資格取得のために都市の専門学校に留学中の者である。
9　この地区では、成人が全部で171人いることになっているが、内2人は調査不能者で分類ができなかったので、この表からは予め除外した。

働に従事する人口107名と、Ⅱの無償の有用労働に従事する人口91名、Ⅲの遊休人口の合計である。しかし、Ⅱの中には重複人口が含まれている。すなわち、Ⅱ⑥Aの家事・育児労働従事者8名のみは専業の「主婦」であるが、Ⅱ⑤のボランティアとⅡ⑥Bの家庭菜園労働は専業ではなく他の仕事と兼業していたのでここでは実人員としてカウントできない。つまり、Ⅰの全員と、Ⅱのうち⑥のAと、Ⅲの全員が実人員であり、合わせて169名を数える。

内容を検討して行こう。Ⅰの収入を得る労働に従事する人口が107名と多いことが指摘できる。全成人人口の63.4%にもおよぶのは前出の3集落の事例ではなかった高さである。内訳は、自営の農業従事者が63名と最も多く、その他の自営業（木工業・商店）10名を合わせると約43%を占める。

次いで多いのはフルタイムの賃金労働に従事する者26名で、団地造成で移り住んだサラリーマンである。この他にも常用パートと日雇いなど非正規労働に就く者が8名いるが、都市に隣接するため雇用機会が多いのであろう。

Ⅱの⑤ボランティアは26名で15.5%と多くはない。これは当地区では農作業においても手間替えの差額を早くから賃金で決済していたことと関係している。⑥のA家事・育児労働に従事する専業主婦が8名に上るのは、団地に住むサラリーマンの妻が多いことによる。Bの家庭菜園労働は57名が従事しているが、他の「限界・維持集落」と較べると都市化の影響があるのか少なくなっている。

次にⅢの遊休人口に移る。54名を数えるが、成人人口に占める割合は31.9%で他の「限界・維持集落」と較べると最も少ない。この遊休人口54名の内訳を見ると、⑦の失業者2.3%と最も少ないが、これは対象地区の特殊な位置＝都市に隣接しており雇用の機会に恵まれているからであろう。次に⑧の高齢者のうち働きたくない人は46名27.2%に及んでいた。他の「限界・維持集落」では未だ働いている60代の年令層でもここでは「もう働きたくない」としており、いわば贅沢な選択である。これは農業の生産性が高いので隠居が可能であるのと、土地の借り手がいるため「地代収入」で暮らせるからである。

この対象地に入るに当たり、農業を営む「現役農業者」がどれだけいるかを確かめる意図で、あらかじめインフォーマントに赤い印を付けて貰った。ついでに元農業を営んでいたが現在は辞めている「元農業者」にピンクの印を付けて貰った。その結果は、地図がピンク色に染まってしまったのである(6)。つまりこの「発展集落」は農業を辞めた人たちが、この地にとどまり、農地を「貸す」か「売る」などして生活を維持していたのである。他の3集落にも世帯の所得源泉の中に「地代収入」はちらほら見られたが、耕作しなくなった農地は借り手も買い手もなく多くは「耕作放棄地」になっていたのである。

これは大きな発見であった。農地を「貸している家」がいるということは、

「借りている家」がいるということである。戦後の農地解放後、地主は駆逐され代わって農業委員会の監視下に置かれ地代による搾取は無くなったと思い込んでいたが、半世紀を経た今事情は変わっていた。それは熾烈な競争によって農地の集約が進んだというよりも、高齢化と跡取りの流出によって農業経営が不可能になり、やむなく「先祖の土地」を手放す農家が続出していたのである。但し、農業委員会の監視が全くなくなったのではなく、農地以外の利用目的には監視の目が光るが、農地間の耕作者・所有者の移動は殆ど自由になっていたのである。

6. 各世帯の収入の構成

D地区住民は、何によって生活をしているのか。**表2**は職業別に「各戸の所得源泉」すなわち世帯を単位として見た場合、如何なる収入を組み合わせて生活を維持しているか、複合型＝複数の世帯員が働く型をとる「世帯の収入の種類」を延べ数で調べたものである。「現農」は、当然世帯主の農業収入と世帯員＝家族従業者合わせて24人の所得が大部分を占めるのは当然として、「地代」が9.2

表2　職業階層別所得源泉

職業／所得源泉	現農業		元農業		その他		合計	
	実数	%	実数	%	実数	%	実数	%
農業収入	8	14.9					8	6.3
同居家族	16	29.6					16	12.5
土地代	5	9.2	11	29.7			16	12.5
その他不動産			1	2.7	3	8.1	4	3.1
産業					2	5.4	2	1.6
その他産業			1	2.7	3	8.1	4	3.1
給与	4	7.4	2	5.4	12	32.5	18	14.1
アルバイト	6	11.1	1	2.7	4	10.8	11	8.6
年金	13	24.1	17	46.0	9	24.3	39	30.5
貯金	2	3.7	4	10.8	1	2.7	7	5.5
仕送り					2	5.4	2	1.5
DK					1	2.7	1	0.7
合　計	54	100.0	37	100.0	37	100.0	128	100.0

%顔を出す。この他、年金を受けている人が13人、給与やアルバイト収入がある人10人がいて、農業世帯の中に高齢者や賃労働兼業者が年金や賃金を持ち寄っていることが分かる。

「元農」世帯になると46%までが年金受給者になるのは当然として、目を惹くのは、「地代」収入が11人約30%に及ぶことである。つまり、元農業を営んでいた世帯は現在は年金と地代収入で暮らしているが、この地を離れることなく居住している。地図がピンク色に染まったのは農業を辞めてもこの地にとどまっていたからである。

「その他」の世帯は、団地のサラリーマンと引退後の高齢者なので、給与とアルバイト収入、それと年金収入で暮らしており、若干の自営業収入がある。

以上から、「地代収入」があるのは、現農のうち5戸、元農の11戸を合わせて16戸にのぼる。前者は、加齢と共に広い農地を経営出来なくなって一部を貸し出したものであり、後者は高齢と後継者不在で農地を「売却」ないし「貸し出し」たものである。元農の中には「貯金」の取り崩し約11%が含まれるのである。

以上の実態と考察により、農地を「貸し出し」たり「売却」した農家があるという事実は、対極に「借りたり、買ったり」した農家が存在することを示す。調査対象地の射程を拡げ東川全町を対象にして見渡すと、実は全道でも1位2位を争う「農業法人」が育っていたのである。

7．農業法人の出現

北海道では各農家は5ha（約5町歩）を経営する農家は普通である。これを基準におくと、100ha（約100町歩）といえば20倍であり目を惹く大きさである。「世界農林業センサス」（2010年）によれば、東川町の総農業経営体数は325戸となっており、経営規模別に見ると、0.3ha未満から100.0ha以上まで分布するが、集中するのは5.0〜10.0haに20.6%と約2割で、ここを分水嶺として5.0ha未満は46.8%、10.0ha以上は32.6%とあるから多少小規模農家が多くなるものの、中位はやはり5ha辺りにあろう。

このうち100.0ha以上という大規模農家が4戸ある。うち2戸は100.0haを超える水田経営農家、2戸は300.0haを超える畑作農家である。1戸は把握できなかった。このうち畑作農家2戸についてまず紹介する。いずれも300.0haに達する畑作経営の農業法人として、M社は株式会社、D社は有限会社として順調に経営している。どちらの先祖も長野県山間部の狭隘な土地で農業を営んでいたが、大正2年、祖父の代に東川町の中で条件の悪い旭岳の谷間にある「ノカナン」地区に入植した。山間に水田はなく、所得の低い畑作で大根を栽培しつつ家計維持のため冬期は造材のアルバイトを兼業して生計を立てていた。聞き取り調査をしたところによれば、年間売上額12億円、他方は4〜5億円、家族労働力をはるかに超えて多数の雇用者を擁していた。つまり、自家営業の域を脱して資本主義的農業経営の域に達しており、いまや1つは株式会社、1つは有限会社となり、今後も更なる規模拡大を目指している。

なぜこの地域にこうした巨象が育ったのか。規模拡大のきっかけは、ダム建設による補償金と移転にあった。山間であったから、谷の左岸と右岸によって所属する町が異なり、当時住民たちは東川町（左岸）と隣の美瑛町（右岸）にまたがって住んでいた。農家は合わせて15〜6戸であったという。

(1) ダム建設と移転

上川盆地は良質米の産地として知られているが、大雪山からもたらされる豊富な湧き水は住民に無料の飲料水（水道代無料）を山からの恵みとして供給してきたものの、水稲栽培には水温が低すぎ、古くから農家は遊水池を設けて水温を上昇させる工夫をしてきた歴史があった。ダム建設の話は1970年頃からあったが、1985年頃水害に見舞われたことを契機に多目的ダムの建設（国の直轄事業）が着工された。当然「ノカナン」の農業用地は住宅もろとも水没、その補償金を得て東川町側の斜面にあった4戸の農家は平地に移転した。そのうち2戸はM社とD社に成長したが、残り2戸は補償金で生活する道を選び農業を辞めた。

2戸への代替地は、農業委員会や農協関係者の協議によって決められた。その後次第に拡大していった農地は、高齢化し耕作を続けられなくなった農家からの依頼を受けて、「借地」または「売買」により「仕方なく」また「自然に」集まっていったという。強い要請をしたわけでもなく、自然の流れとして耕作が出来なくなった農家が次々「頼みに来た」から引き受けていくうちに大きくなっていたという表現であった。没落農家というより、高齢化と跡継ぎ不在のため農地を手放さざるを得なかったという点が、他の「限界集落」と違っていたといえようか。しかし、農地の移動に関しては「農業委員会」の裁定を待たねばならず、引き受けられるだけの財力と経営能力が査定されるので、結果的に農民間の階層分化・分解が行われたことになる。因みにM社は当時から篤農家として知られていた。現在の借地代は、1a当たり年間3〜5万円、買い取りの場合は、畑は1a当たり100万円が相場であるという。引き受ける側からいえば、借地よりも買い取りの方があとに問題が残らないのでベターということであった。

(2) 農業法人の労働力需要と調達

経営規模を拡大すると直ちに困るのは「労働力の調達」である。幸い畑作は季節的に一気に大量の手間が要る水田とは異なり、作物の種類を変えていけば農作業の時期をずらせながらやっていける。さらに思わぬ僥倖というべきか集まった畑地は酷い飛び地になっていたので、雇う側にとっては尚更好都合であった。時期をずらせながら順繰りに作業していくと労働力の調達には困らない。とはいえ年間に必要とする大量の手間は、簡単には集められない。

雇用労働力について聞いたところ、以下のようになった。

〈M社〉

1. 社員──正規(13人) うち男性11人(管理、営業など全般)、女性2人(事務)
   年齢:20代1人、30代3人、40代3人、50代6人
   居住地;東川町6人、東神楽(隣町)1人、旭川市6人
2. 周年パート──非正規労働者(40人)内男性10人、女性30人、
   年齢:20代3人、30代9人、40代4人、50代10人、60代12人、70代2人、
   居住地:東川町10人、東神楽・当麻町(隣町)2人、旭川市28人、
3. 夏期パート──日雇い(約100人で不定期)
   年齢・居住地不明

*パートは、斡旋専門業者に依頼して募集。

なお、聴き取り調査は、2015年10月、現地にて、鎌田2名と松岡教授による。

〈D社〉

1. 社員──正規（9人）うち男性7人、女性2人、
　年齢：30代4人、40代1人、60代2人、65才以上2人
　居住地：東川町3人、周辺町1人、旭川市5人
2. 周年パート──非正規労働者（21人）内男性5人、女性16人
　年齢：20代2人、40代1人、50代1人、60代5人、65才以上12人
　居住地：東川町2人、周辺町2人、旭川市17人
3. 夏期パート──日雇い（15人）
　年齢：20代1人、50代3人、60代1人、65才以上10人
　居住地：東川町1人、旭川市14人

*なお、聞き取り調査は、2015年11月、現地にて、鎌田哲宏による。

社員の月給は不明であるが、野菜・きのこの加工工場内の労働は時給760円、畑仕事は820円、派遣労働者には1100〜1300円支払う（派遣会社が中間搾取でいくら取るかは不明、M社の支出額）。周年パート40人のうち20人は障害者施設の知的障害者を雇用＝農福連携しており、時給は500円で週休2日制をとっている。中国の研修生も4人（最大時6人）いた。冬も三つ葉やきのこ栽培があるので通年パートでシフトを組んでやっている。

設備投資（冷蔵設備など）で資金を調達する際、農協のシステムに合わないこともあって、今では信用金庫など市中銀行から借りることが多い。また生産沕の販路も生協やJAは使わず、直接イトーヨーカ堂など全国的量販店に出荷しているので、野菜は全国各地で売られている。今後の展望については、2社とも水田を購入し、一層の規模拡大を目指すとしている。

こうした巨象がこの地に生まれることによって、何がもたらされたか。まず第1に、地域に雇用が生み出されたことである。社員や周年パートがかなりの数で生み出されたこと、町内、周辺町、旭川市内におよぶ地域でこれだけの雇用が生じていることの意味は大きい。これによって住民世帯に家計補充の手段が実現し、

人口がこの地に留まれることが期待できる。

第2に、農業の資本主義的発展の回路が開けたことである。農協の役割には負の側面があったことは言われてきたが、その枠を打ち破って全国市場に直接販路を拓き、逞しく発展していこうとしている。資本の調達は市中銀行から、農産物の流通は全国的な商業資本を通じて、労働力の募集は民間の専門業者を通じて、それも狭い町内では足りないため都市部から大々的に、その都度需要に応じて雇い入れるという経営方式を採用するに至っている。これは、明らかに従来の農協一辺倒の農業ではなくなっていることに注目したい。「限界集落」の原因を追及してきたこの調査は、その過程で思いがけなく「従来の枠を打ち破って」逞しく成長していく「新しい農業」の姿を見いだすことにつながったのである。

なお、この町は良質米を生産する水田農家が多いことで名高い。その動向にもふれておくと、昭和38年以降2度にわたる圃場事業が実施され、1枚2〜3aだった区画を30aにまで拡大して条件を整えたものの、家族経営の壁があってか大規模化は思ったようには捗っていない。それでも町内165戸の水稲作付け農家のうち13戸がすでに法人化しており、最大規模は109haが1件、82haが1件みられるが、あとは30ha程度で横並びしている。しかし109hrといえば約100町歩を超える広さであるから、北海道の従来の標準耕作面積5町歩と比べると格段に大きいことに驚く(5)。跡継ぎ不在で耕作を依頼されたのが拡大の理由であるという。ただ労働力需要の面からみると、畑作と違って水田耕作は農繁期に需要が片寄るので通年雇用が難しく、地域に安定した労働市場を提供することはできない。大都市に隣接しているため短期間に大量の雇用が可能になっているのである。ここにも階級分解の胎動を読み取ることが出来る。

8．階級分解は不可避か

長年社会学を通じて、日本社会の階級・階層研究に携わってきたが、二大階級の両極分解とはほど遠い中間層肥大化論が一時席巻した後、学界では階級研究自体が頓挫していたかに見えた。60年の歳月を経て、筆者の命脈が尽きようとするこの歳（86才）になって、まさか農村で悉皆調査を実施することになろうとは思ってもみなかった。これは再々就職を果たした大學が理念として「地域に根ざし、地域を拓き、地域に開かれた大学」を掲げているにも関わらず、地域に出たこともない教員や学生がいることに疑問を持ち、せめて最後の仕事として、この大學に社会調査のノウハウを伝えて去って行きたいと志したことが動機であった。

幸い北海道北部地域には、「限界集落」の維持・再生の課題が待ち受けていた。科学研究費の支給決定はまさに天命と受け止めて、調査は初めてというスタッフと共に走り出したのがこの調査研究であった。ひとつ、また一つと集落調査をしていくうちに、当初の「大學へのご奉仕」の域を超えて「新たな発見」にこころ躍らされることになった。そこに存在する「社会的事実」は、雄弁に日本社会の「真実」を語り出した。中農肥大化論は、政府の補助金政策によって階級の分化・分解の流れが滞っていただけで、TPPに象徴されるグローバルな競争下にあって、この本流は押しとどめられてはいなかったのである。東川における巨象の発見は偶然であるかに見えるが、確実に本流の中にあったのである。

農業の資本主義化が進むことは労働力の搾取をともなうので議論もあろう。しかし北海道の「限界集落」を見る限り、このまま自然死するのを待つだけでよいかどうか、これは価値観によるだろう。出来ることなら再生に向かって貰いたいし、渾身の努力で現状を維持している自治体もある。確かにアイディア次第で人口減少に歯止めがかかることもあろう。しかし、全国的な人口減少社会の中にあって、さらに高齢化の流れに抗して、農漁村に人を呼び込むことは不可能に近いのではなかろうか。

食糧自給の立場から農漁業を守り、かつ集落を維持出来る人口を定着させる方法はあるのか。これまで採用された方策は、外から企業を誘致してくることに大方の相場は決まっていたが、地域の中で、農漁業の中から発展してくる「地つきの事業体」があるとは思いが及ばなかった。ただ、資本主義的事業経営には搾取は避けられない。北海道においても農業共同化の試みが過去にいくつか見られたが失敗してきた。かといって昨今資本主義の終焉が言われている[(7)]。ゼロ金利時代の到来は、確かに納得できる主張である。従って今後日本の農業に資本主義的発展があり得るかどうか、社会学徒には判断が付きかねる。ただ今は、八方塞がりに見える「限界集落」問題に一つの突破口として主産業の維持・発展に軸足を置いて雇用を生み出していく方法がある（限界集落では、あと約5万円の現金収入があれば暮らしていけると言っていた）というにとどめたい。

9．過渡期における生活保障機能

資本主義的経営の徹底化を主張するとしても、その移行過程において住民の生活をどう維持していくのかという問題がある。現実的に考えれば、一挙にすっきりとはいかない現実がある。なぜ日本では階級分解が不徹底であったのか、それなりの理由があった。つまり、都市においては産業の二重構造の存在が底辺部分に多就労の「賃金持ち寄り型世帯」を造り出し、農漁村においては小農が出稼ぎや賃労働兼業による「複合所得型世帯」を形成してきたのであり、こうした「世帯を単位とする生活構造」によってなんとか生計を成り立たせてきた。つまり相対的過剰人口を世帯の中に抱え込みながら暮らしを立ててきたのである。貧困化と高齢化、家族崩壊と単身化が、この生活構造を突き崩した。裸になった個人は、血縁・地縁の溜めを失うことになった。

食費として現金で支出する額が1人たったⅠ万円でしかないという発見（現金で購入している食料費）は、自給部分と、自然採取と、食料の無償交換経済の中で成り立っていることを明らかにしたが、すべてが商品化され尽くさないことによる余裕＝「伸びしろのある生活構造」があったからこそ救われてきたともいえる。だとすれば社会保障が不備である以上、最低限を保障する「伸びしろの存在」は維持しなければならないのではなかろうか。

以上、東川町で見つけ出した農業法人化の事例は、TPP下における日本農業の「さきがけ」であることを評価したい。

東川町は人口が増加に転じたいわば農村の優等生ともいうべき存在で、研究者が改めて研究に入る余地はないと思っていた。自治体の華々しい実績を追体験して「感心して終わる」と当初は予想していた。しかし「実態調査」は、それ以上の「事実」と「展望」を語り始める。姿を現した農業法人が今後どのような発展を見せるのか、また、それによって集落がどのように変化していくのか、期待を込めて見守りたい。

おわりに――労働力状態分析の意義

この小論は、集落点検に際して特に労働力に重点を置いて分析を試みた。通常であれば人口規模と年齢構成の推移を見るだけで当該地域・集落の健康診断はこと足りる。少子高齢化がどの程度進行しているかはもっとも判断しやすい指標であるからである。しかし当該集落の維持・存続が可能かどうか、人口減少のより深い要因を探り当てようとすると集落構成員の質的分析が問われることになる。

その場合、現体制下において行われている価値を生む労働＝利潤を生む労働か、有用労働＝価値は生まないが生活を営む上で役に立つ労働かどうかの区別は問わないで数えることにした。理由は、生活の維持、集落生活の維持にとって優劣はないはずだからである。この観点から集落全員の労働を分析していったのが表1であった。それによると、65歳以上といっても現に働いているかどうか、働く意思を持っているか、持っていたとしてどの程度の仕事が出来るか、健康状態と性別、働く動機となる家計の過不足、生活を共にする家族員の援助、親戚や近隣からの相互支援の有無を知った上で、初めてその人の集落で果たしうる役割を評定することができる。

今回は「限界集落」の維持・再生を課題として取り組んだ一連の調査研究であったため、労働力に焦点が当てられた。その結果、共通していたのは、①どんなに寂れて消滅の手前まで来たと見える集落でも、主産業ないし雇用労働に従事している「働く人」は成人人口の約半数近くはいたということ、但しその内容は「微々たる所得」しか得られない仕事であったり、継続可能性は担保されない「不確かな仕事」であったりしたが、働き手が全くいない集落はなかった。

② 働く人がいれば、家族があり「子供」がいる。子供は数は少なくても必ずいた。

③「働けない」と答えた高齢者はどこでも多かったが、年令に差があり、70、80才代でも働いている人が多い中で、60代でも働きたくない人は豊かな集落に

多く見られた。また女性単身者や、傷病者を多く抱え込んでいたのも「限界・維持集落」の特徴であった。つまり働ける者が都市へ立ち去った後、残されたのは「社会福祉の対象」となる人たちであった。

④「働きたい」と答える人は、仕事につく可能性がある地域に多く、雇用機会の全くない地域の人は、家計の不足を抱えていても「仕事に就きたい」という志望さえ湧かない現実があった。最初から諦めているのである。

⑤「限界集落」ないし「過疎集落」においては、労働力の数え方に独自の基準が要る。

自営業にあっては政府労働力統計に見られる15〜64歳という枠は役立たなかったが、これをどう考えるか。同様に政府失業統計も、就業の意思如何で失業を判定するのであれば、求職の意思を確かめるすべのない集落で「失業・半失業者」をどう数えるのか、疑問である。

⑥「主婦」身分の判定について。これは集落に限ったことではないが、極限まで絞り込まれた労働力の個々の役割を問題にする「限界集落」において、顕在化してくる疑問である。けだし「限界集落」では健康なのに「何もしない人」の存在は赦されないからである。そこで、子供がいる、障害者や病人がいる、介護老人がいる、家族が多く炊事担当者が要る、老人一人で磯舟漁業をしていて陸での仕事がある、といった事情がある場合にのみ「主婦」1名の存在を認定してみたところ、極めて少数の「主婦」のみが残った。少子高齢社会における「主婦」の扱いは、年金積立金拠出の可否の観点から別途検討されるべき課題であろう。

ともあれ、この研究ノートは「限界集落」の分析手法の一つとして、労働能力の総点検作業から出発し、「集落維持・存続を目的とする社会的役割を全成員に割り当ててみる」ことによって、存続の可能性を検討するという試みであった。

〔注〕

(1)　鎌田とし子・鎌田哲宏（2014）「『限界集落』研究の視点と方法」東京女子大學『社会学年報』第2号。
　鎌田とし子・鎌田哲宏（2016）「『限界集落』における労働力の状態」日本労働社会学会『年報』第26号。

(2)　旭川大学地域社会研究会『北海道における「限界集落」の維持・再生に関する実証的研

究』研究代表者・鎌田とし子、課題番号25285156、2016年3月。

(3) 大野晃（2008）『限界集落と地域再生』高知新聞社。

(4) 統計書によれば、以下のようになる。

東川町の人口動態

年	人口総数	15歳未満人口	15〜64歳人口	65歳以上人口	外国人人口	出生数	死亡数	転入者数	転出者数
2007	7,701	1,032	4,709	1,960	11	52	76	499	…
2008	7,701	1,032	4,709	1,960	11	53	91	446	…
2009	7,701	1,032	4,709	1,960	11	45	86	443	…
2010	7,701	1,032	4,709	1,960	11	43	86	402	…
2011	7,701	1,032	4,709	1,960	11	50	76	358	…
2012	7,859	1,070	4,592	2,197	72	44	82	409	342
2013	7,859	1,070	4,592	2,197	72	68	81	411	323
2014	7,859	1,070	4,592	2,197	72	41	117	390	333
2015	7,859	1,070	4,592	2,197	72	51	102	414	365
2016	7,859	1,070	4,592	2,197	72	47	102	376	335
2017	8,111	1,057	4,450	2,603	211	48	85	400	328

注：「政府統計の総合窓口」から作成。

(5) 松岡昌則、上掲報告書『北海道における「限界集落」の維持･再生に関する実証的研究』272-273頁、2016年3月。

(6) 東川町農業協同組合での聴き取り調査。

(7) 水野和夫（2001）『資本主義の終焉と歴史の危機』集英社新書。

書　評

1　早川佐和子著
　『アメリカの看護師と派遣労働
　──その歴史と特殊性──』　鵜沢由美子

2　坂幸夫編著
　『現代日本の企業組織再編と労働組合の課題』　鈴木　玲

3　橋本健二著
　『はじまりの戦後日本──激変期をさまよう人々──』　赤堀　正成

4　高橋祐吉・鷲谷徹・赤堀正成・兵頭淳史編著
　『図説　労働の論点』　近間　由幸

5　飯島裕子著
　『ルポ　貧困女子』　駒川　智子

早川佐和子著
『アメリカの看護師と派遣労働——その歴史と特殊性——』

（渓水社、2015年、A5判、372頁、定価6,000円＋税）

鵜沢由美子
（明星大学）

日本で労働者派遣法が制定された1985年、その適用対象業務は専門的知識等を必要とする13業務であったが、1999年からは原則自由化された。その中にあって、看護師を含む医療関係職種は一部の例外[(1)]を除き適用除外業務となっている。

本書は、看護師の派遣労働が専門性を維持した形で行われるための要件を、1960年代から看護師派遣の歴史を持つアメリカの事例を分析することで明らかにしようとしたものである（p.311）。著者の早川は、日本の先行研究では、派遣労働の問題を解決するのに正規雇用労働者の人事労務管理に近づけるべく検討しているが、制度趣旨に則れば、派遣労働者とは専門的なスキルをもった労働者であり、その経験が評価され専門職種としての能力を活かせる派遣労働の条件というものをいかに整えるかを議論すべきである、と問題提起をする。

早川が対象とするのは一般的にTemporary Nurseと称されるアメリカの派遣看護師[(2)]である。アメリカを対象とするのは派遣看護師の歴史が最も古く、長期的なスパンで検証することが可能であるためとされる。

結論を先取りするなら、①看護師の専門職種としての地位の確立、②職務の分業構造と標準化、③病院の物的・人的標準化、の3点によってアメリカの派遣看護師は専門性を活かしつつ自発的に派遣労働しうる要件を整えているとする。それに比し、日本ではいずれも満たしていないという課題が示される。アメリカの派遣看護師の現状と医療制度の推移を確認した後、3つの要件を見ていこう。

1．アメリカの派遣看護師の現状（1章）

アメリカの看護師は階層化され、どの階層の看護職であっても派遣労働を行っている。本研究ではRegistered Nurse（登録看護師）（以下RN）を主たる対象としているが、RNは300万人おり、うち260万人雇用されていて、概ね2～5％が派遣RNである。派遣看護師の問題として、ケアの安全性・正規雇用のRNのモラールに与える悪影響・高額な賃金コスト等が挙げられるが、RNの職業団体American Nurse Association（ANA）や個々の病院においてガイドライン等が作成され、いくつかの問題は克服されているとされる。今では3/4程度の病院で派遣看護師が活用されている。

専門的に特化したスキルを武器に州をまたいで移動し、RN不足が深刻な手術室やICUなどに充てられ、専門性の高い職務に就くことが多いが、看護師長や主任の職責を担う派遣RNもいるとのことである。需要も高く、非常に高い賃率が適用され恵まれた処遇であるとされる。

2．アメリカの医療の歴史と派遣労働（2章）

アメリカにおいては19世紀末から派遣労働が行われており、第2次世界大戦後本格的に広がったという。専門職種の派遣労働も多くみられ、特に1980年代以降その割合を高めているが、派遣看護師はその有力な分野である。アメリカでは、近代医療が整い始める20世紀初頭より、民間主導型の医療体制が形成されていた。国民皆保険制度の存在しない（オバマケア前）唯一の先進国であり、医療費の対GNP比は常に群を抜いて高い。

まず、派遣看護師は第2次大戦から1960年代までの連邦政府による医療の拡大路線とRN養成の遅れによる人手不足への対策として生まれ、普及した。公的医療保険であるメディケア（高齢者用）・メディケイド（低所得者用）が創設された1965年に、初めて医療専門人材派遣会社が誕生したという。オイルショック後、アメリカ経済は景気が後退、経営合理化の波は医療界にも及んだ。1980年代、アメリカで創設・普及したマネジドケア、すなわち医療費を抑制するために、管理医療手法を用いた医療保険制度では、これまでの出来高払い方式に替わり包括支払い方式が用いられた。医師の裁量権は大幅に制限され、医療プランや治療費、薬の品目に至るまで民間医療保険会社の影響力が強まった。この時期には、派遣看護師を含む人材アウトソーシング戦略が強化され、派遣RNの処遇も大幅に改善されたという。さらに、人口の高齢化によりRN全体の需要が増加しこれにより派遣RNの需要も高まり、人材派遣会社の交渉力も上昇したと考えられる。

3．看護師において専門性を有した派遣労働を可能とする要件（3章〜6章）

(1) 看護師の専門職種としての地位の確立

現在のアメリカのRNは2つの方向へとキャリアを伸ばすことが可能である。一つは各分野の看護のスペシャリストの道であり、医師の職務と重複するような医療行為が認められていて、診療や処方といった職務に携わっている。もう一つは下位の看護職種を管理・監督する看護チームのマネージャーとしての道である。この背景に、職業団体等の長い間の努力によるRNの高学歴化、上級看護師資格者の増加といった現象がある。また、1960年代以降専門分化が進み、分野ごとに学会が作られ、各学会毎に標準化された養成プログラムの構築、継続訓練の提供、仕事の斡旋等が行われている。州を移っても全国規模の資格団体に依拠することが可能であり、アメリカのRNはRNとして一体化した職業別労働市場が構築されている上に資格毎、専門分野毎にも重層的な職種別労働市場が展開されている。

以上のように、RN自体が専門職種としての地位を確立し、その外部労働市場を構築してきたために、外部機関が提供する教育訓練を経て知識や技術を身につけることができれば、派遣看護師にとってもハンディを負うことが少なくなるとみなされている。

(2) 職務の分業構造と標準化

上記に示されたRNの専門職種としての地位の確立の背景には、アメリカの看護における階層性を指摘する必要があるだろう。第2次大戦を機に実務看護師（LPN/LVN）や看護補助者などが養成されると階層的なチームナーシングが普及、分業体制が明確となった。RNはケアの部分を下位の看護職に任せ、科学的な知識に基づく自律的判断を担うことを目指した。チームナーシングにおいては、指揮命令系統がはっきりして、かなり早い段階から作業手順書が存在したという。また、RNがケアの現場からかけ離れているという、看護の本質に関わる議論から生まれたプライマリーナーシングでは、患者一人当たりにRNが一人割り当てられるので他の看護職との連携はさほど求められず派遣看護師には適した方式であったとされる。縦方向の階層構造も横方向の職務の分業体制も存在するアメリカの看護システムが職務を限定的にし、派遣RNがその専門性を活かすことも、派遣先の求める職務とRNのもつスキルをあてはめミスマッチを起こさせないことも可能にした。

(3) 病院の物的・人的標準化

アメリカの病院は、元来が製造業における標準化された大量生産方式を手本に築かれたものである。そのベースの上に、設備や管理組織からカルテ、臨床ガイドラインの作成による治療プロセス等まで標準化が図られ、共通したベストプラクティスと効率化が進められた。1980年代には、前述したマネジドケアの普及、病院の統廃合等医療を取り巻く変化により標準化は一層進むこととなった。

派遣看護師が多く用いられているのは手術室などの物的・人的な標準化が特に進んだユニットであるとされる。アメリカの病院の標準化は外科学会の取り組みによって始められたとされ、組織横断的な学会が主導したことで、属人的なプロセスに依存しない標準化された手術が浸透しやすかったという。その結果として手術室看護師の職務も標準化の度合いが高く、派遣看護師導入の障壁も高くなかったと指摘されている。

RNという職種自体が活躍する素地を作ったもう一つの背景として、医療テクノロジーの進化がある。医療テクノロジーは、治療プロセスの短縮化、多くの医療専門職種による分業の促進、医療専門職種の旧熟練の解体を進めたとされる。

4．日本の看護労働への示唆と提言（終章）

以上の3点に照らして、早川は日本の看護の現場について以下のように指摘する。①看護師が専門職種として確立しているかといえば必ずしもそうではない。看護師の職務が幅広く標準化していないため、外部の教育訓練機関も役割を果たせていない。②個人レベルの分業体制は未整備である。③病院や診療科独自の方法が根強く標準化が進んでおらず、医師との力関係において従属的なため、属人的スキルが求められている。

以上のように、現在の日本の看護労働やそれをとりまく病院という組織において、看護師が派遣労働者として働く場合、専門性を活かした形で働くことは難しいという結論が出されている。変革にあたり、早川は職業団体が力をつける重要性を強調している。また、看護師不足問題に対する提言として、組織にとらわれることなくキャリアアップする道が閉ざされているという点を指摘し、大多数の女性が家庭責任のため離職することを前提としたシステム作りが大切であるとする。

5．コメントとして

日本において、看護はじめ医療業務の派遣労働が制限されているのはなぜか。高梨は、適正な医療の提供を行うためには、医師を中心に看護師等の専門職が「チーム」を形成し、構成員が互いの能力や治療方針等を把握し合い、十分な意思疎通の下に業務を遂行することが不可欠であり、派遣元が労働者の決定や変更を行う労働者派遣事業では、こうした「チーム医療」に支障が生じかねないことを理由に挙げている（高梨2007: 308）。ここには、浜口（2009等）のいう「メンバーシップ型契約」が一般的な日本と、「ジョブ型契約」が徹底しているアメリカとの「チーム」の捉え方が表れているといえるだろう。各人が縦横の分業構造に従い自分の職務職責を果たすアメリカのチームと、融通無碍に職務職責を補い合う日本のチーム。日本的雇用システムの限界が指摘されて久しく、働き方改革に官民あげて取り組む一方、相対的には職務がはっきりしているはずの専門職種が派遣労働の適用除外業務になる理由はまさに「日本的」である。

しかし、看護師不足は甚だしく、例外的な医療関連業務派遣のうち71.1％は看護師となっている[3]。密やかにかつなし崩し的に看護師派遣が進行している可能性も伝えられている。専門職種における派遣労働が、同一労働同一賃金推進の突破口となると考えられ、取り巻く環境が異なりマネジドケアには批判も多いが、アメリカの看護師派遣を参考に検討することは意義深いといえよう。

アメリカの医療の現場で、派遣RNが看護師長である場合はチームナーシングにどのような影響があるのか。正規RNや患者は派遣RNを実際にはどのように受け止めているのか。早川は主として文献に精力的にあたり本研究をまとめたが、今後はそのような実態を調査によって明らかにしてもらいたい。また、アメリカの医療の特殊性を考えると、諸外国の派遣看護師のあり方も把握し比較していく必要があるだろう。今後に期すところ大である。

〔注〕

(1) 紹介予定派遣、産休・育児介護休業の代替、特別養護老人ホーム等の福祉施設での業務等は例外的に許可されている。

(2) 看護師の需給状況が全米平均と同水準であるオレゴン州を対象としている。

(3) 厚生労働省『平成24年派遣労働者実態調査の概況』「結果の概要 事業所調査1　派遣労働者の就業状況」 http://www.mhlw.go.jp/toukei/itiran/roudou/koyou/haken/12/dl/haken12_1_01.pdf（2017.6.3アクセス）。

〔文献〕

高梨昌編著（2007）『詳解労働者派遣法』（第3版）エイデル研究所。
濱口圭一郎（2009）『新しい労働社会―雇用システムの再構築へ』岩波書店。

坂幸夫編著

『現代日本の企業組織再編と労働組合の課題』

(学文社、2015年、A5判、220頁、定価2,000円＋税)

鈴木　玲
(法政大学)

本書は、合併、分割・分社化などの企業組織再編が労働組合組織におよぼす影響、および労働組合の企業組織再編への対応について分析する。とくに、90年代以降に進展した企業組織再編の影響に焦点をあてる。合併、分割・分社化などで企業系列が変化する場合、労使関係や組合間の「系列」にどのような影響をおよぼすのか。ある中小企業が大企業を中心とした企業グループに属するようになった場合、親会社の組合とは別の産別組織に加盟する子会社の組合はどのような対応を迫られるのか。本書はこれまで行われた調査や研究、筆者がかかわった調査に基づいて、企業組織再編下の労働組合が直面する課題について検討する。

第1章は、企業再編の60年代以降の動向を概観した後、「選択と集中」「分離と統合」に特徴づけられる90年代以降の企業組織再編と労使関係の動向について、先行調査に基づいて示す。電機連合の調査（2003年)、連合総研の調査(2002年）などによると、企業組織の再編の実施は、企業あるいは組合規模が大きくなるほど割合が高くなり、再編は製造業、非製造業にかかわらず実施され、再編についての労協協議が行われた割合は高い（電機連合調査では、事業買収の案件を除き85～100%)。ただし、全産業を対象とした厚労省調査（2003年）によると、企業再編や事業縮小で労使の「話し合い」が持たれた割合は4割と低くなっている。第1章はまた、企業組織再編に対応した労働組合組織の再編について、60年代～70年代と90年代以降の2つの時期に分けて検討する。60年代～70年代には、グループ労連の結成による組合の系列化（大企業組合と系列企業組合の連合体）が鉄鋼、電機、自動車産業で進んだ。90年代以降では、グループ労連における労働条件の標準化機能が弱まり、労働条件の決定においてそれぞれの企業が置かれた市場状況を反映した「単社――単組関係」の重要度が高まる傾向にあるとされる。さらにカンパニー制導入などで、企業別組合の内部組織が「事業ユニット」ごとの組織に分散化される可能性も指摘されている。

第2章は、組合系列にかんする先行研究の検討、企業再編の概念（企業組織の合併による「内部化」、分割による「外部化」）、組合系列の事例（三菱自動車労連）、企業別組合の系列化が産業別組合に与える影響、組合の系列化に加わらない「非系列」組合の事例研究、組合系列、「非系列」を取り上げる今日的意味など、多様なテーマをカバーする（なぜ多様なテーマを60ページにもわたる1つの章にまとめたのか理解に苦しむ）。以下では、第2章の内容で重要だと思われる点を中心に紹介する。第1に、先行研究の検討では70年代に行われた鉄鋼産業における組合系列の研究が興味深い。製鉄所組合の下請け企業を組織する組合は、関連労組協議会を形成する。企業間の系列関係を反映して、下請け企業の労使関係は親企業（製鉄所）労使の制約を受けるものの、下請け企業の組合はストライキ闘争を行うなど独自の領域ももつとされる。その理由として、製鉄所の「本工社会」とは別の「下請工社会」の存在、下請け企業の多くが地域社会と深く関係をもつ地場企業であること、下請け労働者の運動も地域社会と関係性が強いことが挙げられている。第2に、三菱自動車労連の事例によると、同労連は三菱自工グループの企業系列に対応して組織化されているものの、完全に重複しているわけではないことである。グループ中核企業（連結子会社、持分法適用関連会社）のなかでも組合が組織化されていない企業があり、また中核会社（三菱ふそうバストラック）の連結子会社の一つの組合は他産別（JAM）に加盟している。第3に、企業再編を伴う組合の系列化により地域を基盤に中小企業を組織している全国一般労働組合の分会が同労組から離脱して親企業組合が組織するグループ労連（およびその上部産別）に移動する事例がみられることである。第4に、組合系列化によるグループ労連からの同一産別所属の圧力にもかかわらず、「非系列」を貫く組合（非系列組合）が少数ながら存在することである。本章は、JAMと全国一般（本書では「J産別」「Z産別」）の傘下組合のうち、非系列組合がそれぞれ「5％程度」、「1％強」占めることを示す（全国一般の非系列組合の割合は70～80年代にもっと多かったとされる）。なお、非系列組合の事例がいくつか紹介されているが、非系列組合は「闘う組合」である場合が多く、一定の「成果」(系列組合よりも高水準の賃上げを獲得、年功賃金の維持、厳格な残業規制)を上げたことが紹介されている。

第3章は、企業組織再編の労働組合への影響および労働組合の対応について電機連合とJAMの比較を行う。電機連合の2003年調査によれば回答組合の約4割で企業再編による「人的影響」(退職者や異動者の発生)があり、1割強で労働条件が低下した。他方、JAMが2007〜08年に実施した2つの調査は、企業再編の「労働者の労働条件や組合組織への影響は比較的少ない」とされる。2つの産別組織の調査結果の違いは、電機産業では企業再編が経営危機への対応策として雇用調整を伴って実施されたこと、JAM傘下組合の企業では企業再編が、雇用調整が一段落した後に行われたことによって説明される。また、2つの産別組織の傘下組合の企業規模の違い(企業規模が大きな企業を組織する電機連合の方が企業再編から受けるインパクトが大きい)も説明要因である。本章は、これらの2つの産別組織がとった企業再編への対応についても検討する。電機連合は94年という早い段階に対応指針を策定したが、JAMが企業組織再編に「意識的」に対応したのは2003年頃からだとされる(ただし、JAMおよび同産別の前身組織は、それまでも中小企業の経営の在り方に積極的に発言・介入してきた)。組織化・組織活動での対応をみると、電機連合は2003年よりこれまでの個別単組ごとの加盟方式を変更し、グループ労連一括加盟を進めるようになった。一括加盟方式でグループ労連加盟組合がすべて電機連合に加盟するようになったため(その過程で、他産別加盟の非系列組合は電機連合に「引き抜かれる」ことになる)、組合員数の減少が食い止められたとされる。他方、地方と結びつきが強い中小企業を多く組織するJAMは、同産別の地方組織が企業再生プランを作成して企業再編やリストラに直面した単組の労使関係に積極的に関与した。

第4章は、JAMが2007〜08年に実施した2つの調査「企業組織再編調査」(第1次、第2次)の報告である。この章は、JAMの書記によって執筆されている。第1次調査は、JAM全組合(669組合から回答、回収率31.5%)を対象としたアンケート調査として実施され、JAM傘下組合がある企業でどの程度組織再編が行われ、投資ファンド・外資による株式所有があるのか調査した。第2次調査は、第1次調査で「企業組織再編を経験」あるいは「ファンド・外資が自社株を所有」していると回答した組合（214組合）を対象に、労使のコミュニケーションの状況、企業再編に対する組合の対応・労使交渉、企業再編の労働条件や組合組織への影響、ファンド・外資の株所有に対する組合の対応などについてアンケート調査を行った。さらに、5組合に対して聞き取り調査を行った（なお評者は、第4章が本書の「付録」に相当すると考えるため、本章で記述されている調査結果の紹介は行わない）。

以下では、本書に対する感想を簡潔に述べる。第一に、本書は企業組織再編に伴う組合の系列化により、系列の「下位」にいる組合が「上位」にいる組合が所属する産別組織に「引き抜かれる」ことを示した。これは、連合労働運動の全体のあり方にも影響する重要な問題提起であると考える。連合運動のなかには、「企業主義的」志向が強い大企業組合を中心とした産別組織（電機連合、自動車総連など）が存在するだけでなく、地域を基盤として中小企業を中心に組織し、企業と協調的関係を結びながらも一定の自律性をもって活動する「組合主義的」な産別組織（全国一般やJAMなど）も存在する。企業再編による組合系列化の進展は、（やや粗削りの描写かもしれないが）連合運動のなかの「組合主義的」潮流を弱め、「企業主義的」潮流を強めることにならないか。第二に、本書は先行調査に基づいて労働組合が企業再編にどのように対応しているのか多面的に検討しているが、組合の系列化やグループ労連が果たす機能についてあまり論じていないように思われる。グループ労連が傘下組合の達成すべき賃金や労働条件の基準を設定し、企業グループ内の未組織企業の組織化を推進することなどに触れられているが、グループ労連傘下の組合がどのような意思決定を行うのか、系列「上位」にある組合が系列「下位」の組合に対してどのように「統制」をしていたのか、などについて具体的な例を示してほしかった。さらに、90年代の企業組織再編はグループ労連内の各企業の労使関係の独自性を強めたとされるが、グループ労連はこのような組合の系列化の弱まりのなかでどのような新たな機能を持ち得るのかという問題の議論も深めてほしかった。

そして、最後に本書の編集のあり方に関するコメントであるが、1〜3章と「まとめ」にあたる5章の間で内容の重複が多くあったことが気になった。内容の重複を削ることで、本書をもっと読みやすくすることができなかったのかという感想をもつ。

日本労働社会学会年報第28号〔2017年〕

橋本健二著

『はじまりの戦後日本──激変期をさまよう人々──』

（河出書房新社，2016年、B6判、254頁、定価1,600円＋税）

赤堀　正成

本書は、SSM調査（「社会階層と移動全国調査」）をはじめ、多くの統計資料を駆使して戦後日本社会が形成される過程、「はじまりの戦後日本」を1930年、時には1920年代にまで遡って「社会移動」に注目して描こうとするものだ。50を優に上回る図表に多くの知見を含む本書の内容をバランスよく紹介することは評者には難しく、断片的な紹介にとどまってしまうことをはじめにことわっておきたい。

著者が「社会移動」に着目するのは、それによってミクロの現象とマクロの現象を一貫した方法で論じようとするためだ。つまり、「戦後の混乱から復興に至る過程を描いた、著書や論文、回想録などは数多い」けれども「その多くは政治・経済や社会構造のマクロな動きを全体として論じるか、個人のミクロな経験を記述するものである」。たしかに「この両者が並行して論じられることもあるが、マクロな現象とミクロな現象を、一貫した方法で論じることは難しい」ものの、「社会の変化は、個人の社会的地位の変化、つまり社会移動の総和として理解することができるはず」（18頁）という方法的な問題意識があるからである。

序章「『リンゴの唄』と流浪する人々」は導入として、戦後初期の流行歌「リンゴの唄」を人々がどのように受け止めたのかを示す。敗戦の混乱を「流浪する人々」に、この歌は希望を与えることもあれば、反対に、小説家の堀田善衞（「なんという情けない唄をうたって」）、作詞家のなかにし礼（「なぜ平気でこんな明るい歌が唄えるのだろう」）に対してそうだったように、強い違和感を抱かせることもあった。そこには「人々」の戦争の経験とその受け止めが現れている。

大衆文化ないしサブカルチャーを論じる著者の軽やかな筆致は「人々」への共

感のこもったもので、統計を用いて社会移動を論じる際の冷静沈着な筆の運びとは対照的だ。ともすれば無味乾燥な数字の羅列と受け止められかねない統計数値の背景に数字では語りえない当時の大衆文化や風俗の描写を配置して鮮やかに彩る工夫はこれまでも著者が得意としてきたところだが本書でもその手法は効果的に用いられている。

もちろん、社会移動のパターンによって一義的に「リンゴの唄」の受けとめ方が異なるはずはない。しかし、大衆文化や風俗は必ず、ミクロの次元では、人々が「戦争によって、社会移動を強いられた」経験と思い出、また、マクロの次元では、「個々人にとっては自らの生活の再建だったが、社会全体としてみれば、日本社会の戦後復興の過程」と結び付いているのだから、社会移動という概念に加えて、大衆文化や風俗もミクロとマクロを接合する紐帯になりうる、という著者の言外の思いがあるのだろう。

第1章「戦後社会形成史の試み」では、本書で用いられる概念（「社会移動」、「世代内移動」、「世代間移動」）、階級分類（「資本家階級」、「労働者階級」、「新中間階級」、「旧中間階級」）についての簡潔な説明、ついで用いられるデータの概要が提示される。

続く第2章「戦前から戦後へ――さまざまな人生行路――」では自伝、手記、聞き取り調査によって17の「戦争をはさんだ人々の社会移動経験の実例」が（1）ヤミ市からの再出発、（2）自営業者のその後、（3）工場労働者たちのキャリア、（4）キャリアを失った新中間階級、（5）独身女性の戦後、（6）経営者たちの戦中・戦後、以上の項目に分けて紹介される。

さらに、これら17の人々の社会移動をもたらした要因が、（1）兵役と復員、（2）移民と引き上げ、（3）徴用と徴用解除、（4）戦災と疎開・移住、（5）一時しのぎとしての就農、（6）ヤミ市・ヤミ取引・露天商・行商、（7）農地改革として挙げられ、それぞれに事例に即して簡潔な解説が付されている。これは第3章以下のデータ分析を理解しやすくするための著者の配慮である。

以上の懇切丁寧な準備を経て、第3章「戦前・戦中・戦後の階級構成」から本書の主題が本格的に展開される。原朗、梅村又次らの先行研究を踏まえて、本章で重要なのは図表3.3「1930年、40年、45年、50年の階級構成［1］」の、戦争を挟む戦後までの20年間を4時点で示した階級構成の変化とそれを棒グラフで示した図表3.4である。「4本のグラフは、それぞれ数千万人の人々から構成されている。これらの人々が移動した結果として、グラフの形が変化したのである。その移動の経過を追うことができれば、戦前から戦後にかけての社会の変動過程を、そして戦後社会の成立過程を明らかにしたことになる」と次章以下の課題がここで具体的に述べられている。

第4章「戦火と廃墟のなかの社会移動」ではSSM調査を用いた分析が提示される。1955年SSM調査の職歴データから1955年時点で35歳から59歳の人々を対象としている。著者によれば、戦争の影響は所属階級によって異なった。資本家階級は相対的に影響が小さく、戦前から戦後にかけて資本家階級であり続ける例が多い。農民層も資本家階級と同様に影響は小さかったが、農地改革による所有形態の変化を踏まえれば、「大きな転換を迫られた人々が多かったはずである」。この点については第5章で検討される。

資本家階級、農民層と対照的に、最も影響を受けたのは労働者階級で、戦争によって職業を失い、戦後は相対的過剰人口として農業、自営業に「滞留」を余儀なくされた。自営業層は戦時体制下で廃業を強いられ、戦後に事業を再開できない者が多かった。新中間階級は労働者階級と似た境遇にあったもののその影響は幾分か緩やかなものだった。

第5章「変転する農民層」では、SSM調査に加えて、農地改革記録委員会『農地改革顛末概要』や栗原百寿らの調査をもとに戦前から戦後初期の最大の階級であった農民層の動向が検討される。農地改革の「効果が意外に限定的」であったこと。高卒程度以上の学歴についみてみると、地主出身者28.6%、自作農出身者11.9%、小作出身者2.5%という大きな差があったこと。著者は他のデータも踏まえて、「農地改革から70年を経てなお、地主・自作・小作の違いは、進学率に格差をもたらし続けている」ことを指摘して、今日しばしばきかれる、機会の平等が保証されていれば結果の不平等は甘受すべしという議論に対する批判を述べている。

第6章「戦後労働者階級の形成」では戦後における最大の階級である労働者階級の形成が検討される。大企業・官公庁、中企業、小企業の間で所得格差は最大で1.9倍になる。また、「政党支持には、注目すべき違い」があり、大企業・官公庁では革新政党支持率が34.5％、小企業では25.6％、そして保守党支持率は大企業・官公庁では17.6％、小企業では40.3％である。著者は「おそらく小企業労働者の多くは、前近代的な労使関係のもと、経営者とともに保守政党の支持基盤となっていたのだろう」とだけ述べて「はじまりの戦後日本」という課題から逸脱することを禁欲しているが、評者は、階級構成のみならず、階級間の利害対立を規定する「階級構造」(22頁）自体の、この半世紀に生じた様変りを改めて印象づけられた。

また、本章第4節「日本的雇用慣行の成立過程」は氏原正治郎らによる「京浜工業地帯調査」の検討がなされている。著者は、「京浜工業地帯調査」のデータを再集計して、氏原が同調査を経て「大胆すぎる仮説」として打ち出した、日本的雇用慣行の成立を第1次世界大戦後とする主張を「驚くべき先見性に満ちたものだった」と支持している。

第7章「戦後社会の担い手たち」は、SSM調査、「京浜工業地帯調査」に加えて、萬成博、青沼吉松らの調査も援用され、先行する各章で検討した農民層、労働者階級の分析では重点が置かれていなかった、資本家階級、新中間階級、自営業層を中心に検討されている。

たとえば、社内昇進を経て経営者となる「専門的官僚性的経営者」の比率の変化（1920年44％→1960年72％）というような資本家階級の変化、1951年時点における新中間階級の高等教育修了者51.9％、後期中等教育修了者が40.8％であるのに対して労働者階級は75.3％が初等教育ないし前期中等教育を修了しているに留まること、終戦直後の自営業層が資本家階級とは別個に「日本社会の復興過程の底辺を支えていた」こと、等が指摘される。

終章「非常時の社会移動空間──舞台装置としての戦中・戦後──」はここまでの統計分析から得られた知見を総括することにあてられている。ふたたび大衆文化に、木下恵介、今井正らが監督した戦後初期の映画について言及されるが、ここまで本書の戦前・戦中・戦後の諸階級の計量的分析に接してきた後では、それらの映画のストーリーを非歴史的に単に楽しむだけではなくて、もちろん著者に導かれてではあるけれども、ストーリーの背景にある諸階級の在り方、「人々」

の階級移動の在り方がおのずと想起されようになり、ストーリーを支える社会的背景が以前よりも立体的かつ歴史的に感得できるようになるようだ。このことは本書が読み手にもたらす大きな果実のひとつだろう。

「階級移動」にこだわって諸階級の計量的分析を扱った本書に対して、あれが書かれていない、これへの論及がない、という不満はあたらないものと思われる。こうした計量的分析とこれまでの研究史を対話させたり接合させたりする課題は読み手が引き受けるものだろう。それでも、不満めいたことを1つだけ記すとすれば、多くの図表が掲載されているが、それらの図表にしばしばサンプル数が明示されていないものがあることだ。本文に明記されている場合もあるが、本文からは掴みにくいものもあった。所々で「資本家階級は、27人と人数が少ないため、傾向がつかみにくい」、「データに含まれるサンプルは1,735人で、分析には十分な数である」といった記述があって、読み手に親切な工夫が施されているので、一々の図表においてサンプル数が明示されていると本書の価値はさらにますだろう。

なお、本書は同じ著者の『「格差」の戦後史――階級社会　日本の履歴書』（河出ブックス）を「補完するもの」であるという。併読すれば1930年から今日までおよそ90年にわたる階級の量的変化の様々な側面が一望できるようになるはずだ。

日本労働社会学会年報第28号〔2017年〕

高橋祐吉・鷲谷徹・赤堀正成・兵頭淳史編著
『図説　労働の論点』

（旬報社、2016年、四六判、192頁、定価1,500円＋税）

近間　由幸
（立命館大学大学院生）

1．はじめに

本書は、これから労働者になる学生あるいは既に労働者として企業で働いている社会人を読者層として想定し、かれらが労働問題への興味関心を持ち、その理解を深めてもらえることを目的として書かれている。過労死やうつ病をもたらしうる過剰な労働や低賃金不安定雇用の増大など、現代の労働問題が示していることは、生きるために働くという人間の営みとしての労働のあり方が忘れられつつあるのではないか、ということである。著者たちはこのような問題意識を念頭に、働くことを人生そのものとしてとらえ直す視点を強調する。本書の「おわりに」でも述べられているが、現代社会における大多数の人は、雇用労働というあり方の下で、雇主や上司に命じられ与えられた仕事を、好むと好まざるとにかかわらずこなさなければならない。それはまさに「生きるために働く」という労働であるが、それでも人々は「やりがい」や「喜び」をどこかに見出すことを模索しながら働くのである。自らの将来に明るい希望を持つことが難しくなっている現代の若者にとって、「企業社会」や「市場社会」に翻弄される状況から脱却し、「未来の掌握を可能にする安定した土台」として働くことをとらえ直す視点が必要であると著者たちは考えている。

本書は全4章構成となっており、第1章「『働く』ことを見直す」、第2章「若者の働き方を考える」、第3章「ワークルールを学ぶ」、第4章「ユニオンを活用する」という各章のテーマに即し、4領域29項目を解説している。各トピックでは、図表を多用しつつ6ページで簡潔に内容がまとめられているため、通して読んで労働問題の全体像をつかむこともでき、手早く知りたい問題をピックアップして読むという読み方もできるだろう。本書評では紙幅の都合上、全トピックを網羅的に紹介することはできないが、以下では各章の執筆目的や位置づけを中心に取り上げ、部分的に個別トピックの内容を紹介する。

2．内容紹介

まず、第1章「『働く』ことを見直す」では、雇用形態の違いを軸とし、今日の社会における労働者の在り様の全体を描き出している。ここでは、以下の章との関わりで総論にあたるトピックを取り上げているため、資本主義社会以前にも共通する普遍的な労働の定義から議論を出発し、今日的に存在する労働の別の表現としての職業、雇用のあり方を提示している。労働とは、「外界に働きかけて財やサービスを生み出す活動」あるいは「企業内での分業や国内での分業、さらには国境を越えた国際的な分業の網の目に組み込まれて、数多くの他者と関わりを持った活動」であると捉えられ、さらにその労働を職業と表現した場合に、天賦の才を生かした天職ともいえる職業に就くことができる人ができる一方、「年齢、学歴、経験」不問のだれでもかまわないような職業もまた同時に存在していることが説明される。そして、雇用関係の下で働く場合に、労働者は経営者の指揮・命令の下で雇われる立場となることで不自由で不平等な関係として働くことを強いられる存在となっていく。

このような雇用関係の下で、今日では正規雇用における終身雇用の存続あるいは解体をめぐる議論、いわゆる「雇用形態の多様化」による非正規雇用の増大、家計自立型の非正規労働者にとっての低賃金問題あるいは派遣労働者のような間接雇用の問題が存在していることが指摘される。また、学生や専業主婦などの非労働力人口にも着目するなかで、統計上では職探しをしていない人として非労働力人口にカウントされる人のなかにも、就業を希望していたが適当な仕事が見つからないために職探しをあきらめたという意味で、完全失業者に近い存在がいることに注意を促している。

次に、第2章「若者の働き方を考える」では、キャリア教育、フリーター論、「ブラック企業」問題など若者が働きだしてから直面するであろうと考えられる問題にトピックを絞り、整理して論じられている。

「キャリア教育」という言葉が文部科学省関連の文書で登場し始めたのは、1999年に中教審（中央教育審議会）が出した答申からであるが、同答申はフリーターになる者や就職しても3年ほどで辞めてしまう者を「望ましい職業観・勤労観」が身に付いていない者とみなし、キャリア教育を推奨してきた。若者の早期離職の原因について、長時間労働やそれに起因するメンタルヘルス問題、過労死、過労自殺などの問題については言及せず、若者の就労意識の問題に帰結させていることから、同答申はむしろ過酷な「職業生活」の在り様に適応し、それを再生産する担い手となる「主体」の育成が目指されていると本書は批判する。

また、フリーターについては1980年代後半のバブル経済の時期に肯定的な言説として登場し、バブル崩壊後の90年代後半からは一転して否定的なものに変化したが、その数は減少してはおらず、フリーター＝非正社員とみなすならば、好景気の時期にも増大してきたことを総務省「労働力調査」の結果から説明している。特に、35歳以上の既に若年とは呼ばれない「中高年フリーター」の問題も現れてきているなかで、フリーター問題はますます社会が解決を迫られている問題として発展し続けていることを指摘する。

このような若者の労働問題を解決するための条件としては、まず「キャリア教育」が助長する自己責任論に対し違和感を持つ人々の協同が求められる。それと同時に、「ブラック企業」に対する是正圧力としてのマスコミ等を通じた批判や労働行政の機能、労働条件維持に活用できる法整備を求めていくための労働組合の活動が必要であると論じられている。

第3章「ワークルールを学ぶ」では、労働者が「ブラック企業」に対抗するための武器としてワークルールを位置づけており、労働基準法をはじめとするワークルールの歴史的形成過程、このワークルールにおいて労働者の権利保障がどのように定められているかを解説している。また、それに関連して、新自由主義的潮流の伸長に伴う改悪の流れから生じている、日本版ホワイトカラー・エグゼンプションとしての「高度プロフェッショナル制度」の問題、成果主義賃金導入をめぐって財界側でどのような議論が行われていたかについても取り上げており、大変読み応えのある内容となっている。特に、「高度プロフェッショナル制度」

の導入については、引き続き今後の動向が注視される重要な問題である。

最後に、第4章「ユニオンを活用する」では、労働環境の改善にはまずもって「発言する」という行動が最も効果的な手段であることを示し、その行動に実効性を持たせる手段として今日ではユニオンの存在が挙げられることを示している。とりわけ、企業別組合や産業別組合とは異なる形の労働組合として、「コミュニティ・ユニオン」や「個人加盟ユニオン」の存在に着目している。

本章では実践の現場で活動されている方も執筆に加わっている。4節では、パワハラやセクハラなどの職場のいじめ・嫌がらせに関する労働相談の件数が増えていることをグラフで示し、これらの問題に取り組むNPO法人労働相談センターに寄せられた相談事例について紹介している。また、5節では首都圏青年ユニオンの実践例を具体的に取り上げているが、とりわけ、この事例で紹介されている「組合員全員参加型」という運動のスタイルは示唆的である。首都圏青年ユニオンでは、会社との交渉、裁判などの傍聴、学習会や集会参加などの行動はメールですべての組合員に声をかけ、生活が困窮している組合員には基本的に交通費を支給している。応援に駆けつけた組合員の後押しを受け、「小さくても勝つ」という運動の経験が生まれることは、「自己責任」に押し込められた若者が「声をあげる」感覚を取り戻すことにつながっている。

3．おわりに──若干のコメント

評者は、本書の特徴の1つが、現代の労働者像の描き方にあると考える。例えば、第1章の内容紹介で触れた職業についての記述では、天賦の才を活かした専門的な職業に就くことのできる人が存在する一方、その対極には「年齢、学歴、経験」不問の誰でもかまわない職業が存在することを指摘している。このような職業観は、熊沢（2007）が「労働のパノラマ」として描く、「恵まれている」仕事の程度には序列があり、まずは仕事の内容に規定された労働者の第一次的な階層構造が存在する、という考え方にも通ずるものである。しかし他方で、このように職業区分による社会の階層性を明示するということは、就職を志す若者にとってどのように捉えられていくのであろうか。好まざる仕事に就く可能性をある程度自明のものとして受け入れていくのか、それとも依然としてキャリア教育が推奨する「望ましい職業観・勤労観」を追求することで好ましい仕事に就けると考えるのか。いずれにせよ、労働者は「好むと好まざるとにかかわらず」仕事を選ばなければならないものの、その仕事のなかで働きがいを見出せるようにするためには、生活を保障する本来の労働のあり方がまず必要であると本書は説いている。

また、本書の執筆者の多くは、過去にも大学生向けの入門テキストとして上梓された『現代労働問題分析』を執筆しているが、同書では若者が新自由主義経済の論理を是とするなかにあることを念頭に、労働問題に関する誤った言説を正す方針に基づいて執筆されている。本書もまた、学生や若者が関心を持つであろうと思われる主要なトピックを幅広く取り上げることで、入門書としての体裁は持ちつつも、随所で新自由主義の論理に基づいた通説に対する批判を行っており、この点にも本書の特徴があると評者は考える。

他方で、幅広い論点を扱ってはいるものの、各章のテーマに対する統一性が少し不明瞭であり、例えば「非正規雇用問題」「賃金問題」というトピックを本書で理解しようとする場合には、各章で取り上げられている内容から拾い読みしていく必要があると感じた。この点では、各トピックで取り上げている問題のキーワードが明示される形で本書を構成すれば、よりビジュアルとしても意識されたものとなっていただろう。

また、ユニオンへの期待という視点から書かれているようにも見受けられ、労働組合に関する記述がやや不十分であるように思われた。もちろん、労働組合の意義についても随所で取り上げており、特に第4章の冒頭では、「『発言する』という行動を可能にし、実効性をもたせる手段として存在するのが労働組合（ユニオン)」であると述べられているが、労働組合についての言及は歴史的経過に偏っており、行動指針の具体例としてはユニオンへの言及に留まっているように見受けられる。第3章7節では、神奈川労連（神奈川県労働組合総連合）が2011年6月に起こした最低賃金をめぐる行政訴訟の事例を取り上げており、労働組合から「発言する」行動も決して無力ではないことを示しているが、「発言する」手段としてもっと積極的に位置づけてもよいのではないかと感じた。

本書は新自由主義改革によってもたらされた今日的な働き方について批判的なスタンスを取っているがゆえに、労働社会の描き方は決して明るくないものであり、本書が読者層として想定している学生や若者が読むと、ともすれば働き方に展望を見出しにくいかもしれない。しかし、それでも労働問題の現状認識から出発することこそが、新自由主義の言説に翻弄されず、これからの働き方を見据えていくうえで重要な示唆を与えるものであると考える。

〔文献〕

熊沢誠（2007）『格差社会ニッポンで働くということ』岩波書店。
石井まこと・兵頭淳史・鬼丸朋子編（2010）『現代労働問題分析』法律文化社。

日本労働社会学会年報第28号〔2017年〕

飯島裕子著

『ルポ　貧困女子』

(岩波書店、2016年、新書判、227頁、定価820円＋税)

駒川　智子
(北海道大学)

1．本書の目的

本書は、働きづらさ、生きづらさを抱える女性たちの現実を、社会構造上の問題として描くことを目的としている。そのため「貧困」という言葉からは見えにくい隠れた困難層、云わば“貧困にすらなれない女性たち”を可視化させ、“空気のように漂う生きづらさ”を浮かび上がらせることを目指している。そこで本書では、生活困窮者支援組織、労働組合、都道府県等の男女共同参画センターなどを通して出会った16〜47歳のシングル女性47人へのインタビューをもとに、家族、労働、結婚・出産、法施策という幅広い事柄を取り上げ問題に迫っている。

本書で、著者は繰り返し問うている。若年男性の非正規化や子どもの貧困などと異なり、女性の貧困や雇用問題に注目が集まることが少ないのはなぜなのか。どうして女性の貧困は見過ごされているのかと。著者は言う。女性において「貧困」と「不安定雇用」はデフォルト（初期値）であり、昔から女性は貧困と隣り合わせだった。しかし「男性稼ぎ主モデル」のもとで問題化されず、女性の貧困が取り上げられる際には、特殊なもので個人に起因した事柄として処理されてきたのだと。

こうした女性の働きづらさ、生きづらさを自己責任に回収する議論に、著者は背を向ける。女性たちが抱える困難を社会構造上の問題と位置付け、沈黙を強いる社会的圧力をも描き出そうとしているのである。このため、本書は彼女たちの語りを中心に編まれている。

以下、本書の概要を紹介したうえで、本書の意義と論点を記す。

2．構成と内容

本書の構成は次の通りである。まず、序章で問題の背景とインタビュー概要が示される。調査対象者47人のうち30人は、①非正規雇用または無業、②年収200万円未満、③1972年以降の生まれであり、本書では「氷河期世代」として分析される。氷河期世代の最終学歴は「大学卒」が15人と半数を占め、正社員経験「あり」は14人であるが、このうち11人は過労等で退職しており、職場でのトラウマ経験「あり」は17人にのぼる。次いで1章と2章で家族に、3章と4章で労働に、5章で結婚・出産に関する問題に焦点が当てられ、6章で政策がもたらす女性の分断と孤立が考察される。最後に、終章で必要な対策が検討される。

各章の内容を簡単に紹介しよう。序章「女性の貧困とは？」では、シングル女性の抱える生きづらさが貧困や労働問題として把握されてこなかった事実とともに、彼女たちの状況の深刻さと多様さから、女性は「貧困」と「不安定雇用」がデフォルト（初期値）であることが指摘される。

1章「家族という危ういセーフティネット」は、実家に依存しなければ生活できない不安定就労を示したうえで、家族は安心できる居場所では必ずしもないことが記される。そこには貧困の世代間再生産と、信頼できる関係を持てない「関係性の貧困」という根深い問題が横たわるのであり、時に家族は「容易に抜け出せない牢獄」や「暴力に晒される危険な場」と化し、脱出のためにホームレス状態に陥る女性をもたらしている。2章「家事手伝いに潜む闇」は、女性のニートやひきこもりの問題は「家事手伝い」の名の下に隠されがちであるとし、そうした社会的孤立を深める未婚無業女性を対象とした支援の動きが紹介される。

3章「正社員でも厳しい」では、成果を求める余裕の無い職場環境を背景に、パワハラや過労による心身の不調を引き金に、正社員から貧困へと一気に滑り落ちる実態が明かされる。4章「非正規という負の連鎖」では、今や女性の半数以上を占める非正規雇用が取り上げられ、学歴が低いほど非正規で働く割合が高く、初職が非正規の場合はその後の正規雇用への転換が難しいことが示される。3章と4章を通じて、正社員にしがみつきボロボロになるまで働くか、非正規雇用として貧困と隣り合わせで働くか、という極端な二択しかない現実が浮き彫りにされる。

5章「結婚・出産プレッシャー」は、女性たちの結婚・出産に対する複雑な思いに寄り添う。2010年以降に広まった無縁社会への恐怖と家族回帰の動き、政府による「結婚→妊娠→出産→育児」の“切れ目のない支援”の推進のもと、不安とプレッシャーを感じつつ、自分の努力ではどうしようもない状況に苦しむ女性たちの姿が描かれる。

6章「女性の分断」では、「活躍が期待される女性」と「使い捨てにされる女性」との政策による分断が指摘される。すなわち男女雇用機会均等法や育児休業法の施行で「キャリア」も「子ども」も手にする女性が現れる一方、均等法が前提とする「男性と同等の働き方」を続けられず、派遣法改正のもとで非正規雇用となる女性が増えている。後者の女性が抱く抑圧感と自責の念は大きく、孤立感を深める様子が記される。

終章「一筋の光を求めて」では、女性の貧困を捉える際には、人や社会との関係から貧困を捉える「社会的排除」の概念が求められることが指摘される。そして必要な対策として、労働領域では男女間の賃金格差の縮小や非正規雇用向けの公的職業訓練の充実など、生活面では実家暮らしを脱せずにいる不安定就労の女性への住宅の確保などが提案され、「男性稼ぎ主モデル」に基づく日本的な家族包摂ルールに捉われない施策の必要が挙げられる。

3．意義と論点

本書は、女性の貧困を所得や世帯収入の少なさとしてのみ捉えるのではない。経済的な不安定さに加え、家族ならびに社会での人間関係の難しさと希薄さ、心身のダメージなどを含めることで、「貧困」とは括られず不可視化されてきた困難層を掬い上げようとしている。そのため本書の特徴は、第一に女性の困難層の存在を浮かび上げるとともに、働きづらさや生きづらさとして女性たちにまとわりつく、困難そのものを可視化させることにある。「仕事は非正規、結婚していない、子どもを産んでいない──そんな自分の存在を“不良債権”のように感じる」という声に象徴される、女性たちの抱える惨めさと自責の念は、労働問題や家族の困難として自覚されるしんどさとは異なる、多くの女性を取り巻く得体の知れないつらさである。これは社会構造が生み出した問題とはみなされず、本人も社会も自己責任のループに絡め取られがちである。

本書はこの“空気のように漂う生きづらさ”をもたらす背景に、国を挙げた少子化対策と女性活躍推進があると指摘する。これが第二の特徴である。労働条件が改善されないまま非正規雇用は拡大し、経済的な自立が難しい女性は増えている。しかし女性活躍推進のもとで正規雇用にキャリア形成と両立支援の施策が実施され、少子化対策として結婚・出産が奨励されるなか、「キャリア」と「子ども」の両方を手にする女性に社会の光が当たってゆく。「キャリア」も「子ども」も得られるよう法制度が整備されたかに見えるだけに、さらには「家族」「絆」「子ども」という言葉が否定しがたいものであるだけに、悩みと孤立感は深まってゆく。これについて、施策は選別された女性にのみ福音となるのであり、女性全体を見れば、分断を広げ格差を固定化するものとして機能しているのだと著者は明言する。

第三の特徴は、女性たちの抱える困難を社会構造上の問題として描く点にある。本書で社会構造上の問題として特に説得的に示されるのは、女性は家族に守られるべきとする社会通念にもとづく諸問題である。「男性稼ぎ主モデル」のもとで女性の経済的自立は社会的課題とされず、家族を聖域化し“セーフティネット”とみなす通念によって家族内の問題が隠蔽されていることが述べられる。就労による経済的自立が重視される男性の場合、非正規雇用の増大は深刻な社会問題と認識されやすく、また家族が“セーフティネット”として女性ほど強く機能しないために、雇用の喪失や不安定化がホームレス状態に直結しがちで貧困として可視化されやすいのとは対照的である。これが女性の貧困を見えづらいものにし、個人的問題に帰させている大きな要因である。

しかしながら女性の困難をもたらすその他の社会構造については、分析に不十分さが残ることも否めない。正規雇用の過重労働と不安定な非正規雇用の拡大は、法制度もさることながら、まずもって企業の雇用管理による点が大きい。加えて貧困へと一気に滑り落ちる背景には、勤労世代に薄い日本の社会保障の問題がある。貧困を招くこれら男女共通の要因を分析した先に、女性特有の困難を生み出す仕組みが鮮明となるのではないだろうか。氷河期世代の特徴もより明瞭になったであろうと思われる。また欲を言えば、政策がいかにして女性の選別と格差固定化を生じさせるのかについても、丁寧な分析が欲しかった。

とはいえ、社会的に放置されてきた女性の困難層の存在を浮き上がらせた点、加えて生きづらさとしか形容できない、女性たちにまとわりつく困難を可視化させた点、さらには政策による女性の選別と格差固定化を指摘した点は、本書の意義として高く評価される。とりわけ“空気のように漂う生きづらさ”の中身を、衝撃的なエピソードとしてではなく、生きるなかで日々感じられるものとしてリアリティーをもって明らかにしたことの意味は大きく、今後の女性の支援に役立てられるものである。これらは著者が女性たち一人ひとりの心に寄り添い、発せられる言葉に共感を持って耳を傾けた結果であり、著者の調査者としての力量の高さを示している。

本書が女性の困難を言語化し明示した功績は大きい。今現在、困難を抱える女性たちが自己責任の念から解き放たれ、必要な支援が社会的に整備されること、女性たちが連帯し「誰一人として生きづらさを感じない社会」が実現されること。本書はそのための一歩となるものと考えられる。

日本労働社会学会会則

（1988年10月10日　制定）
（1989年10月23日　改訂）
（1991年11月 5 日　改正）
（1997年10月26日　改正）
（1998年11月 2 日　改正）

［名　　称］

第 1 条　本会は、日本労働社会学会と称する。

2　本会の英語名は、The Japanese Association of Labor Sociology とする。

［目　　的］

第 2 条　本会は、産業・労働問題の社会学的研究を行なうとともに、これらの分野の研究に携わる研究者による研究成果の発表と相互交流を行なうことを通じて、産業・労働問題に関する社会学的研究の発達・普及を図ることを目的とする。

［事　　業］

第 3 条　本会は次の事業を行う。

⑴　毎年1回、大会を開催し、研究の発表および討議を行なう。

⑵　研究会および見学会の開催。

⑶　会員の研究成果の報告および刊行（年報、その他の刊行物の発行）。

⑷　内外の学会、研究会への参加。

⑸　その他、本会の目的を達成するために適当と認められる事業。

［会　　員］

第 4 条　本会は、産業・労働問題の調査・研究を行なう研究者であって、本会の趣旨に賛同するものをもって組織する。

第 5 条　本会に入会しようとするものは、会員1名の紹介を付して幹事会に申し出て、その承認を受けなければならない。

第 6 条　会員は毎年（新入会員は入会の時）所定の会費を納めなければならない。

2　会費の金額は総会に諮り、別途定める。

3　継続して 3 年以上会費を滞納した会員は、原則として会員の資格を失うものとする。

第７条　会員は、本会が実施する事業に参加し、機関誌、その他の刊行物の実費配布を受けることができる。

第８条　本会を退会しようとする会員は書面をもって、その旨を幹事会に申し出なければならない。

［役　　員］

第９条　本会に、つぎの役員をおく。

⑴　代表幹事　１名

⑵　幹　　事　若干名

⑶　監　　事　2名

役員の任期は２年とする。ただし連続して2期4年を超えることはできない。

第10条　代表幹事は、幹事会において幹事の中から選任され、本会を代表し会務を処理する。

第11条　幹事は、会員の中から選任され、幹事会を構成して会務を処理する。

第12条　監事は、会員の中から選任され、本会の会計を監査し、総会に報告する。

第13条　役員の選任手続きは別に定める。

［総　　会］

第14条　本会は、毎年1回、会員総会を開くものとする。

２　幹事会が必要と認めるとき、又は会員の3分の1以上の請求があるときは臨時総会を開くことができる。

第15条　総会は本会の最高意思決定機関として、役員の選出、事業および会務についての意見の提出、予算および決算の審議にあたる。

２　総会における議長は、その都度、会員の中から選任する。

３　総会の議決は、第20条に定める場合を除き、出席会員の過半数による。

第16条　幹事会は、総会の議事、会場および日時を定めて、予めこれを会員に通知する。

２　幹事会は、総会において会務について報告する。

［会　　計］

第17条　本会の運営費用は、会員からの会費、寄付金およびその他の収入による。

第18条　本会の会計期間は、毎年10月1日より翌年9月30日までとする。

[地方部会ならびに分科会]

第19条　本会の活動の一環として、地方部会ならびに分科会を設けることができる。

[会則の変更]

第20条　この会則の変更には、幹事の2分の1以上、または会員の3分の1以上の提案により、総会の出席会員の3分の2以上の賛成を得なければならない。

[付　　則]

第21条　本会の事務執行に必要な細則は幹事会がこれを定める。

2　本会の事務局は、当分の間、代表幹事の所属する機関に置く。

第22条　この会則は1988年10月10日から施行する。

編集委員会規程

（1988年10月10日　制定）
（1992年11月 3 日　改訂）

1. 日本労働社会学会は、機関誌『日本労働社会学会年報』を発行するために、編集委員会を置く。
2. 編集委員会は、編集委員長1名および編集委員若干名で構成する。
3. 編集委員長は、幹事会において互選する。編集委員は、幹事会の推薦にもとづき、代表幹事が委嘱する。
4. 編集委員長および編集委員の任期は、幹事の任期と同じく2年とし、重任を妨げない。
5. 編集委員長は、編集委員会を主宰し、機関誌編集を統括する。編集委員は、機関誌編集を担当する。
6. 編集委員会は、会員の投稿原稿の審査のため、専門委員若干名を置く。
7. 専門委員は、編集委員会の推薦にもとづき、代表幹事が委嘱する。
8. 専門委員の任期は、2年とし、重任を妨げない。なお、代表幹事は、編集委員会の推薦にもとづき、特定の原稿のみを審査する専門委員を臨時に委嘱することができる。
9. 専門委員は、編集委員会の依頼により、投稿原稿を審査し、その結果を編集委員会に文書で報告する。
10. 編集委員会は、専門委員の審査報告にもとづいて、投稿原稿の採否、修正指示等の措置を決定する。

付則 1. この規定は、1992年11月3日より施行する。
　2. この規定の改廃は、編集委員会および幹事会の議を経て、日本労働社会学会総会の承認を得るものとする。
　3. この規定の施行細則（編集規定）および投稿規定は、編集委員会が別に定め、幹事会の承認を得るものとする。

編集規程

（1988年10月10日　制定）
（1992年10月17日　改訂）
（幹事会承認）

1. 『日本労働社会学会年報』（以下本誌）は、日本労働社会学会の機関誌であって、年1回発行する。
2. 本誌は、原則として、本会会員の労働社会学関係の研究成果の発表に充てる。
3. 本誌は、論文、研究ノート、書評、海外動向等で構成し、会員の文献集録欄を随時設ける。
4. 本誌の掲載原稿は、会員の投稿原稿と編集委員会の依頼原稿とから成る。

年報投稿規程

（1988年10月10日　制定）
（1992年10月17日　改訂）
（2002年 9月28日　改訂）
（2011年12月15日　改訂）
（2014年 7月 5日　改訂）
（幹事会承認）

[投稿資格および著作権の帰属]

1. 本誌（日本労働社会学会年報）への投稿資格は、本会員とする。なお、投稿論文が共著論文の場合、執筆者のうち筆頭著者を含む半数以上が本会会員であることを要する。
2. 本誌に発表された論文等の著作権は日本労働社会学会に帰属する。ただし、著作者自身による複製、公衆送信については、申し出がなくてもこれを許諾する。

[投稿原稿]

3. 本誌への投稿は論文、研究ノート、その他とする。
4. 投稿する論文は未発表のものに限る。他誌への重複投稿は認めない。既発表の有無・重複投稿の判断等は、編集委員会に帰属する。ただし、学会・研究会等で発表したものについては、この限りではない。

[執筆要項]

5. 投稿は、パソコン類による横書きとする。
6. 論文及び研究ノートの分量は24,000字以内(図表込：図表は1つにつき400字換算)とする。また、書評は4,000字程度とする。
7. 原稿は下記の順序に従って記述する。
　題目、英文題目、執筆者名、執筆者ローマ字、本文、注、文献、字数。
8. 本文の章・節の見出しは、次の通りとする。
　1.2.3…、(1) (2) (3) …、1) 2) 3) …
9. 本文への補注は、本文の箇所の右肩に(1)、(2)、(3)の記号をつけ、論文末の文献リストの前に一括して掲載する。
10. 引用文献注は下記のように掲載する。
　引用文献注は本文の該当箇所に(　)を付して、(著者名、西暦発行年、引用ページ)を示す。引用文献は論文末の補注の後に、著者のアルファベット順に著者名・刊行西暦年、書名(または論文名、掲載誌名、巻号)、出版社の順に一括して掲載する。また、同一の著者の同一年度に発行の著者または論文がある場合には、発行順にa, b, c,…を付する。
11. 図、表、写真は別紙とし、次のように作成する。
(1) 本文に該当する箇所の欄外に挿入箇所を朱書きして指定する。
(2) 図・表の文字の大きさは、別紙で定める図表基準に従うこと。
(3) 図・表の番号は、図-1、表-1のように示し、図・表のそれぞれについて通し番号をつけ、表にはタイトルを上に、図にはタイトルを下につける。
(4) 図・表・写真等を他の著作物から引用する場合は、出典を必ず明記し、必要に応じて原著者または著作権保持者から使用許可を得ること。

[申込みと提出]

12. 投稿希望者は、以下の項目をA4サイズの用紙1枚に記入し編集委員会宛に申し込む。書式は自由とする。
　(1)氏名、(2)郵便番号と住所、電話番号、e-mailアドレス、(3)所属機関・職名、同電話番号、(4)論文、研究ノートなどの区分、(5)論文の題目、(6)論文の概略、(7) 使用ソフトの名称及びバージョン。

13. 当初の投稿は原稿とコピー計3部（うちコピー2部は氏名を伏せること）を送付する。また、編集委員会が指定するアドレスに原稿を添付ファイルで送信する。

[原稿の採否]

14. 投稿論文は複数の審査員の審査結果により、編集委員会が掲載の可否を決定する。

15. 最終段階で完成原稿とコピー計2部を編集委員会に送付する。また、編集委員会が指定するアドレスに原稿を添付ファイルで送信する。

[図表基準]

16. 図表は次の基準により作成するものとする。
  (1) 図表のサイズは年報の1頁以内に収まる分量とする。
  (2) 図表作成の詳細については、原稿提出後に出版社との調整があるので、その指示に従い投稿者の責任において修正することとする。

[付記]

1. 本規程の改訂は、幹事会の承認を得なければならない。
2. 本規程は、2014年7月5日より実施する。

日本労働社会学会幹事名簿（第29期）

幹　事

松尾　孝一	（青山学院大学）	代表幹事
小村　由香	（日本看護協会）	事務局長
小谷　　幸	（日本大学）	会　　計
中嶌　　剛	（千葉経済大学）	会　　計
井草　　剛	（松山大学）	
石井まこと	（大分大学）	
伊藤　大一	（大阪経済大学）	
今井　　順	（北海道大学）	
李　　旼珍	（立教大学）	
大槻　奈巳	（聖心女子大学）	
高橋　康二	（労働政策研究・研修機構）	
中囿　桐代	（北海学園大学）	
西野　史子	（一橋大学）	
長谷川美貴	（常磐大学）	
萩原久美子	（下関市立大学）	
兵頭　淳史	（専修大学）	
松戸　武彦	（南山大学）	
山田　信行	（駒澤大学）	
渡辺めぐみ	（龍谷大学）	

監　事

京谷　栄二　（長野大学）
鷲谷　　徹　（中央大学）

年報編集委員会

石井まこと　編集委員長
中囿　桐代　編集委員
兵頭　淳史　編集委員
渡辺めぐみ　編集委員

編集後記

2016年の大会から第29期幹事会が始まり、編集委員会のメンバーも新しくなりました。初めての編集作業でしたが、編集委員会内の作業分担もスムーズで、執筆者の方々のレスポンスも良く、一定の水準の年報ができました。関係各位にお礼申し上げます。

大会中や大会後にお渡ししてきた年報ですが、前号より大会前に会員に届けるようになり、今回もその発行スケジュールを踏襲しました。大会前に年報をお目通し頂くことで、大会時の学術交流の促進にもつながることが期待されます。引き続き、このスケジュール体制で臨んでいきますので、執筆の際には締切厳守のご協力をよろしくお願いします。

さて、今号は特集論文4本に加え、特集企画趣旨およびコメントを掲載しました。従来は特集論文のみですが、企画が組まれた背景や全体を俯瞰するコメントが必要と判断し、それぞれ原稿を依頼しました。本特集の人口減少問題は、世帯の縮小化＝単身世帯化という家族や生活・社会保障基盤の変容のなかで、女性・外国人・高齢者・若者が底辺層として利用され、貧困拡大が進むことへの警鐘を鳴らしており、時宜に適った特集が掲載できました。

投稿論文・研究ノートは今回あわせて6本投稿があり、うち2本の掲載になりました。会員の皆様の果敢なエントリーを期待していますが、一方、投稿規程が守られていない論文や、論述が雑で査読者から厳しい指摘を受ける論文もみられました。今後は投稿前の内容チェックをお願いしていくことになりそうです。書評は5作品。多数ある学会員の書誌のなかで選択は難しかったのですが、会員業績として積極的に発信すべきものを掲載しました。今回掲載できないものは、また次号で検討します。

本編集委員会の任期中にJ-STAGEへの電子化移行作業も始まります。その関係で新しい学会誌ロゴマークを表紙に掲載し、デザインも一新しました。今後も関係各方面と連携し、滞りなく編集作業を進めて参ります。年報編集に関して、ご意見等ございましたら遠慮なくお申しつけください。　（年報編集委員長　石井まこと）

ISSN　0919-7990

日本労働社会学会年報 第28号

人口減少下の労働問題

2017年10月10日　発行

□編　集　日本労働社会学会編集委員会
□発行者　日本労働社会学会
□発売元　株式会社 東信堂

日本労働社会学会事務局
〒150-0001　東京都渋谷区神宮前5-8-2
公益社団法人　日本看護協会　労働政策部
TEL　03-5778-8553
E-mail　yuka.omura@nurse.or.jp
学会HP　http://www.jals.jp

株式会社 東信堂
〒113-0023　文京区向丘1-20-6
TEL　03-3818-5521
FAX　03-3818-5514
E-mail　tk203444@fsinet.or.jp
東信堂HP　http://www.toshindo-pub.com

ISBN978-4-7989-1448-0　C3036

「日本労働社会学会年報」バックナンバー（21号以降）

介護労働の多面的理解
―日本労働社会学会年報㉑―
日本労働社会学会編
〔執筆者〕伊藤周平・水野博達・阿部真大・牟智煥・松本理恵・中嶌剛・上原慎一・嵯峨一郎
A５／144頁／1800円　978-4-7989-0030-8　C3036〔2010〕

新しい公共における労働とサービス
―日本労働社会学会年報㉒―
日本労働社会学会編
〔執筆者〕松尾孝一・櫻井純理・萩原久美子・井草剛・濱田英次ほか
A５／168頁／2000円　978-4-7989-0099-5　C3036〔2011〕

労働規制緩和の転換と非正規労働
―日本労働社会学会年報㉓―
日本労働社会学会編
〔執筆者〕白井邦彦・田中裕美子・宮本みち子・李旼珍・飯島裕子ほか
A５／208頁／2500円　978-4-7989-0157-2　C3036〔2012〕

「格差社会」のなかの労働運動
―日本労働社会学会年報㉔―
日本労働社会学会編
〔執筆者〕鈴木玲・呉学殊・田中慶子ほか
A５／136頁／1800円　978-4-7989-1209-7　C3036〔2013〕

サービス労働の分析
―日本労働社会学会年報㉕―
日本労働社会学会編
〔執筆者〕山根純佳・小村由香・木暮弘・鈴木和雄・中根多恵・筒井美紀・鈴木力ほか
A５／232頁／2500円　978-4-7989-1276-9　C3036〔2014〕

若者の就労と労働社会の行方
―日本労働社会学会年報㉖―
日本労働社会学会編
〔執筆者〕今野晴貴・伊藤大一・山崎憲・阿部誠・鎌田とし子・鎌田哲宏ほか
A５／216頁／2500円　978-4-7989-1330-8　C3036〔2015〕

「女性活躍」政策下の労働
―日本労働社会学会年報㉗―
日本労働社会学会編
〔執筆者〕金井郁・駒川智子・三山雅子・中囿桐代・筒井美紀・王昊凡ほか
A５／208頁／2500円　978-4-7989-1395-7　C3036〔2016〕

※　ご購入ご希望の方は、学会事務局または発売元・東信堂へご照会下さい。
※　本体（税別）価格にて表示しております。